Sexuality and
The Psychology of Love

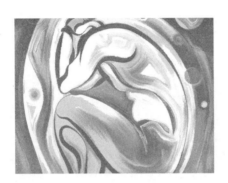

性学与
爱情
心理学

（奥）西格蒙德·弗洛伊德 著
（Sigmund Freud）
郑永智（译）

江西人民出版社

图书在版编目（CIP）数据

性学与爱情心理学 /（奥）西格蒙德·弗洛伊德著；郑永智译 . —南昌：江西人民出版社，2017.7

ISBN 978-7-210-09519-4

Ⅰ.①性… Ⅱ.①西… ②郑… Ⅲ.①性学②恋爱心理学 Ⅳ.① C913.1

中国版本图书馆 CIP 数据核字（2017）第 121749 号

性学与爱情心理学

（奥）西格蒙德·弗洛伊德 / 著

郑永智 / 译

责任编辑 / 王华　冯雪松

出版发行 / 江西人民出版社

印刷 / 北京阳光印易科技有限公司

版次 /2017 年 6 月第 1 版

2017 年 6 月第 1 次印刷

规格 /710 毫米 ×1000 毫米　1/16　13.5 印张

字数 /192 千字

书号 /ISBN 978-7-210-09519-4

定价 /28.00 元

赣版权登字—01—2017—369

目录

1

译者前言

在人类思想史上，弗洛伊德的地位饱受争议。社会学家菲力普·里夫评价说，他的写作"也许是20世纪汇成著作的、最重要的思想体系……这个人的伟大之处不容置疑"。然而，也有不少人认为弗洛伊德的思想价值被过分夸大了。

弗洛伊德是奥地利犹太人，曾就读于维也纳大学，获医学博士学位。毕业后第二年，他开了一家诊所，从事精神病的催眠治疗工作。1895年，他与约瑟夫·布鲁尔合作了《歇斯底里症研究》一书。在此书中，弗洛伊德第一次提出了精神分析法，又称心理分析法，从此被奉为精神分析学派的创始人。

精神分析学派的重要理论之一，是"泛性论"。常人把"性"等同于生殖活动，但弗洛伊德认为，"性"是一种驱使人们去寻求快感、欢乐的能量，他把这种能量称为"力比多"，视其为人类生命力的最深、最强大的根源。在弗洛伊德看来，许多貌似与性无关的现象，如心理疾病、艺术创作或者专注于某件事情的激情，其实都与性有关。用"力比多"来解释人类的全部行为，是弗洛伊德精神分析学的基础和核心之一，因此，他所在的那个年代的心理学家把他的理论称为"泛性论"。

本书是弗洛伊德的论文合集，比较全面地反应了弗洛伊德的精神分析理论。其中，《性学三论》《爱情心理学》和《性道德文明与现代人的不安》三篇，是弗洛伊德从精神分析学角度阐释"性"的经典著作，也是构成"泛性论"的核心。

以如今的学术眼光来看，弗洛伊德的"泛性论"确有不完备或偏颇之处。但不可否认的是，他的著作极大地引起了人们对心理学的兴趣，甚至可以说，近现代以来心理学的兴盛和长足发展，是从弗洛伊德开始的。他的性学说，让人们得以从一个具体的角度去探知人性最深处的奥秘，虽说有时会失于片面，但也是深刻的片面。

为了更准确地向读者呈现弗洛伊德的思想，我们在翻译过程中，尽量忠实于外文原著，同时为了让读者的阅读体验更轻松，我们的译文力求化繁为简，通俗易懂。

序　言

首先我要指出，本书的所有论点都是以日常的医学观察和实践为基础的，其中最重要的是那些以精神分析原理所推导出的论点，从科学角度来说具有一定的理论水平。而事实上，《性学三论》这本书所提出的理论，就是完全以精神分析为推导基础的。很明显，这本书还称不上是一部"全面的"性学理论著作，而书中也未涉及有关性生活的许多问题。但是，这并不代表我认为这些东西不重要，或者我对它们一无所知，所以才避开不提。

　　在选择题材以及安排材料的时候，本书都遵循以精神分析观察为依据的创作原则。整体上来说，它的论述点是有轻重之分的。在分析各种病症的成因时，它更偏重论述偶发因素，而对先天因素的论述则较为简略，视之为背景。这是因为，在心理分析中，偶发因素更具有价值，从这类因素入手所作的分析关系到的是人的心理动机。相对来说，必须经过激发后才会有所体现的先天因素，则没有那么重要，而且，对体质因素进行研究和分析并不在精神分析学所探讨的范围内。

　　至于"种族进化史"和"个体发展史"，对它们的分析也是这样。前者跟最新的经验无关，而后一种因素却跟种族进化有关，个体发展被视为种族进化的再现。来自种族的远古经验，导致了种族进化过程中某一些倾向的产生，然后又因为个体所受的新近经验的影响，于是就促成了偶发因素的形成。

本书的论述具有两个独特之处，一是它是以精神分析研究为基础，二是它尽量避免受到生物学的影响。毕竟，我著这本书的目的在于，从精神分析的角度来探讨人类的性生活，并弄清这么做可以为性生活的生物学研究提供什么帮助。因此，在著作过程中，我会小心翼翼，避免掺入性生物学或者某些动物研究的观点。

但是，在此有必要提出，我们在研究中发现了精神分析上的性生活和生物学层面的性生活之间的联系以及相同之处。即便两者也会有分歧的地方，我也仍坚持自己的这一观点。在这一版中，我加入了许多新材料，但没有像以前那样，对这些新内容给予特别注明。就现在来说，性学科的研究进展速度还相当缓慢，所以说，如果不想与最近的精神分析研究脱节，加入这些新材料是有必要的。

弗洛伊德

第一篇

性学三论

弗洛伊德认为，性是一切精神疾病的根源。为什么呢？以性为中心的冲突，造成的圣洁与肮脏的对立，放纵与压抑的斗争等，还有未能满足的性冲动，可致精神反常，造成疾病。

第一章·性变态

生物学中的"性本能"这一术语，常用来描述动物、包括人类的有关性的行为现象。人类的性行动与其饥饿时的觅食行为并无不同，只是，可以确切表达这种行为的适当说法，在现在的语言中还没出现。因此，在学术研究中，我暂且将这种类似于饥饿的行为称为"原欲"[1]——它的其他说法是"力比多"或"性力"。

大多数人都以为，自己很清楚地知道性行动的本质，而他们的认识有一个共同点，就是认为在人的童年时期并无性行为，性行为是在人发育成熟后才开始出现的。人们普遍的观点是，两性之间的吸引力是引发性行为的根本因素，而交配则是目的，或者目的至少在于导致交配的种种行为。然而，诸多事实证明，人们的这些认识存在着很多的偏见和谬误，与性行为的真相有着很大的出入。

我们的科学研究，正在于弄清并阐述性行为的真相和本质。为了更清楚地

1　德语中唯一恰当的名词 Lust 不幸较为模糊，它兼有需求和满足的意思。—原注

论述，在此，我们引进两个名词，一个名叫"性对象"，一个名叫"性目的"。"性对象"指那些散发出性诱惑力的人，"性目的"则是指性行动所追求的结果。与这两样有关的变态现象如何发生，以及这些变态现象与正常现象之间有着何种关系，这都是非常具有探讨价值的，也是我们研究的重要内容。

第一节 "性对象"的变异

大多数人对性行为的认识来源于古代的史诗传说，按照传说，人最初没有性别之分，是单性的，后来被平分成两半，一半是男人，一半是女人。因为本源于一体，所以男女相吸，经历种种艰难曲折后他们最终又结合为一体。这一深入人心、为大众普遍接受的性观念导致了人们对同性恋现象大为不解。所谓同性恋，即是指同一个性别的双方互相爱恋，或者男人爱男人，或者女人爱女人。这些人，我们称之为同性恋者，更科学地说是性颠倒者（inverts），而同性恋现象也可称之为性颠倒。同性恋者的确切数目虽然难以统计，但可以肯定的是，这类人在世界范围内都有存在，且数目不少。

一、性颠倒

所谓性颠倒就是性对象的颠倒，也就是同性恋。

性颠倒者的行为类型

根据性颠倒者的具体行为表现，可以分出三种不同的类型：

一、完全颠倒者。这类人对异性毫无兴趣，有时候异性甚至会引起他们的厌恶之情，同性才是他们渴望并追求的性对象。对他们来说，和异性交配是一件极为困难的事情，是他们所不愿意做的。即使他们被迫做了，也不会感受到任何的乐趣。

二、两栖性颠倒者（性心理一半是阴性，一半是阳性），即性对象既可以是同性之人，也可以是异性之人的双性恋者，这类人的特征不明显。

3

三、偶尔性颠倒者。通常情况下这类人具有正常的性倾向，但在特殊情况下，尤其是无法追求正常的性对象之时，他们会变成性颠倒者，通过模仿把同性之人作为自己的性对象，并从中寻求满足。

　　"性颠倒"是一种较为特殊的性行为，很多人对此行为有着不同的见解，而不同的性颠倒者对这一行为也会有不一样的看法。有的人认为这是一种正常现象或者说是需求，把它视为追求原欲满足感的一种正当权利，没有什么可争议的。有的人则认为这是一种病态现象，产生这一现象的当事人极力要克服自己的颠倒行为，但总是不由自主。在精神分析治疗中，偶尔性颠倒者在发病时与自己抗争的程度，即克服颠倒的倾向，往往决定了他有没有必要接受精神治疗。

　　人们对偶尔性颠倒持有不同看法的原因，还在于这一病症在发病时间方面有所差异。部分人的性颠倒症状可能在他产生记忆力之前就已经出现，而另一部分人的病症则可能出现在他的青春期前后。此外，有的人可能一生都会保持这种病症，他的性对象时而是同性，时而是异性；有的人的病症则只是他生命过程中的一段小插曲，突然出现，又突然消失。偶尔性颠倒者的发病时间还有一种情况最为特殊有趣，即患者是在与正常性对象的结合具有不愉快的经历后，才开始患上了偶尔性颠倒病症。

　　值得一提的是，许多专家认为，因为性颠倒患者在回忆中通常会过滤他自己早年对异性的感情迹象，所以患者自己指出的发病时间也不见得可靠。专家们的这一看法，被诸多精神分析案例所证实。通过精神分析治疗，专家们还能够从患者的记忆中挖掘出他们儿时遗忘的各种事情，完善他们的记忆。

　　一般来说，以上三种不同类型的性颠倒者之间并无任何关联。唯有在极端的情况下，他们的性颠倒现象才会伴随他们的一生。这种情况下，他们对自己的特殊状态已然没有任何疑惑和抗争，甚至可以说，他们会认为自己的状态很正常。

　　由于相异之处较多，不少专家更注重探讨性颠倒者之间的不同，而不愿把他们归为一类。在研究中，他们经常忽略不提这些人的相同之处，而仅从他们的不同点得出自己对性颠倒的所谓独特看法。其实，不管人们如何对性颠倒现象进行分类，处于两个极端的人总是占多数。所以说，这种分类研究的方法，更容易制造知识的障碍，不利于我们认识性颠倒现象的本质。

性颠倒现象的成因

一说到性颠倒现象的原因，很多人第一反应是"这种人天生性心理变态"。人们有这种想法并不奇怪，因为它符合这样的事实：性颠倒现象最早被医生们发现于那些患有心理疾病，或者有心理病征兆的人身上。然而，在分析人们的这种想法时，有两个因素需要分别考证，一是退化因素，二是先天性因素。

退化现象（degeneration）

"退化"一词曾普遍不被人们所接受，人们提出各种理由来反对这个词的使用，特别是滥用。即便如此，这一词语还是逐渐被人们所用。在解释那些非创伤性和感染性疾病的成因时，人们也早已习惯了把原因归结于"退化"。

马格南（Magenan）曾对"退化"现象进行过研究并将之分类，按照他的分类，即便是智商最高的人也会有"退化"的可能。如果承认马格南的说法是对的，我们会发现，"退化"一词已经失去了其特定的意义。到底何为"退化"，在此我们不做定论，因为它对于我们的研究并无实际价值。莫比尤斯（Moebius）就曾说过："从全面角度来判断，对于退化现象做的诊断是毫无意义的。"

尽管"退化"的定论无以得出，但我认为至少下面两种情况不适宜用"退化"来解释：一是现象中不正常的状态少，属于正常状态的方面更多；二是现象并未影响一个人正常的工作和生活能力。按照这一标准来分析性颠倒现象成因的话，我们可以得出一个结论：性颠倒者不一定是"退化"者。以下的事实也可以证明这一个结论的正确性：

一、绝大多数的性颠倒者在很多方面与正常人并无差异。

二、性颠倒现象甚至常常发生在心智能力和道德修养都高于常人的那些人身上，从古至今，有不少颇具名望的人患有性颠倒症，有的甚至是绝对的性颠倒者。[1]

---

1 我们必须承认"同性恋"的代言人们所说的是有道理的：在有记载的历史当中，一些最为卓越的人是性颠倒者，甚至可能是绝对的性颠倒者。——原注

三、抛开时代环境的变化以及人类医疗技术的改善不说，如果从一个更大的角度去看待性颠倒行为的话，我们会发现有这么两个事实：其一，文明古国文化发展的高峰时期正是性颠倒更容易出现的时期，且这一时期的性颠倒现象往往被赋予重大的意义；其二，原始社会或者说野蛮人之中非常流行性颠倒行为。而布莱赫（Bloch）曾提出，"退化"这个词仅用于相对的高等文明时期，他同时坚定地认为，古代文明里性颠倒是一种常见现象。有赖于布莱赫的观点，现在的学者们已经一改过去视性颠倒为病态现象的错误认识，开始站在人类学的角度去研究它。人们注意到，即便是在最文明的欧洲国家中也存在性颠倒现象，而气候、人种、文明以及人们对性颠倒的态度等各项因素，会对该现象的分布产生巨大影响。

先天性

把性颠倒的原因归结于先天性因素，这种因果关系仅适用于第一种类型：完全颠倒者。其他两类性颠倒者，尤其是第三类——偶尔性颠倒者，很难用先天性来解释。

其实，我们得出"完全性颠倒者是天生的"这一结论的唯一证据，也不过仅凭当事人的证词，即其表明自己的性行为对象自始至终都是同性，从来不会是异性。不过，事实上，其他两类，尤其是第三类，很难与这种先天性的假设相符合。一旦我们坚持"先天性"这一看法，也就意味着我们不可避免地要将完全颠倒者和其他性颠倒者分别开来，如此就难以保持性颠倒概念的一致性，于是也就会出现两种不同的看法：一种坚持性颠倒是先天性的，一种则认为它是在后天由某种生活习惯或倾向发展而来的。持有后一种看法的人提出的理由有三项：

一、许多性颠倒者（包括绝对的性颠倒者）都曾有过刻骨铭心的与性行为有关的经历，这段经历在他们心里留下了深刻的印象，是他们后来产生永久性的同性恋倾向的关键因素。

二、即便不属于上述情况，其他的事例也表明，性颠倒者的身上也存在着某种外在影响力。这种影响力可能出现在当事者的童年时期，也有可能出现在成年时期，如战时或者服刑期间。这些决定性时期产生的影响力可能是鼓励性的（在这一时期当事者与同性长期相处），也可能是压抑性的（在这一时期当事者处于独身状态，或者性能力低弱、对跟异性交配有忧虑感），不过它们终归对当事者后来变成性颠倒者产生了推动作用。

三、如果说性颠倒是先天性的，那么催眠性联想不会消除当事者的病症，但是事实却相反。

所以说，认为存在先天性性颠倒的看法，也许并不可信。而我们还可以进一步提出一个反对理由：一个人的性倾向取决于他儿童时期的某一次经历，如果我们对那些所谓的先天性颠倒病例进行深入分析，结论同样如此。性颠倒者虽然无法再回忆经历的详细情形，但我们仍有办法唤醒他的记忆——另一位名叫埃利斯的专家也同意此观点。埃利斯还明确提出，一个人在某个时期受到外部环境的影响而造成的性行为变异，就是所谓的性颠倒。

从表面上看，以上的观点似乎明确无误，几乎可以用来定论性颠倒是受后天影响而出现的，然而我们却可以用一条明显的理由进行反驳：有的人在幼年时期也曾有过不正常性经历比如被诱奸、互相手淫之类，但他们却没有变成（或者说是不至于变成）性颠倒者。

综上所述，我们可以判定，性颠倒的成因不能一概而论，说它是先天性或者是后天所致都是不妥当的。

对性颠倒的解释

如前面所言，我们不能单独以先天因素或后天因素来解释性颠倒。如果用前一种理由，我们就等于认可了这么一种过于绝对且粗劣的见解：某些人具有注定只能指向某一种性对象的先天性性行动。如果认为性颠倒是先天性的，却又不满足于这一粗劣的见解，我们就不得不追问：所谓的先天性行动又具体指哪些内容呢？而要用后一种解释的话，我们就会产生疑问：如果毫无先天性的成因，为何同样的外在影响对有的人起到作用，对有的人则不然？由此可见，单独用一种理由来解释性颠倒都行不通。

双性理论

关于性颠倒的解释，弗兰克·李兹顿（Frank Lydston）、凯尔南（Kiernan）以及柴瓦里尔（Chevalier）都曾提出过新见解。在他们之后，人们对性颠倒的认识出现了又许多异于常人的观点。

在以往的观念中，我们通常认为人只有男女之分，一个人只能是男人或者是女人。然而，相关的解剖学案例表明，有些人的性特征非常模糊，其性器官同时具两性性器官的特征，似雌又似雄，难以辨别定论。这种人被称为阴阳人，正常情况下，他们的两种性器官都不会得到完全的发育。然而，也有特殊的案例，有的阴阳人身上的两种性器官都能得到完全的发展，他们明显是男人，也明显是女人，被称为真性阴阳人。

阴阳人这一反常现象的存在，使我们更全面地了解到了有关"人"的真相。也就说，至少我们可以确定，从形态上来说，一个人具有一定程度的双性倾向是正常的。每个男人、女人的身上都残留有异性器官的痕迹，只是，部分痕迹已经转化为其他用途，而有的则变成一无是处但却继续存在的"废品"。由这个观点引申而出，我们可以想象这样一种可能：最初，人类就是雌雄一体的生物，经过演变后成为单性生物，但是由于演变过程中受阻，以致某一性别的人身上还残留了另一性的特征。

这种可能被人们引用到精神范畴的研究中，人们据此提出了"心理阴阳人"这一概念，并指出"性颠倒的变态根源是心理阴阳人的表现"这一假设。只是，若想证明这一假设是正确的，我们就必须要有这样的事实作为根据：性颠倒者表现出心理上乃至生理上的阴阳人迹象。要想发现这样的事实，几乎是不可能的。因为，所谓的"心理阴阳人"并不像生理阴阳人一样，经由解剖就确切可见，一个人的心理状态和他的生理形状也没有切实相关的联系。

有的人反驳：很多性颠倒者存在缺乏性行动力的现象，有的通过解剖甚至发现其明显有性器官欠缺的特征。有的人则抓住性颠倒者身上的一些次要特征，强调后者在这些方面与常人的差异。埃利斯就同时持有这两种理由。然而，即便这些人提出的是事实，就此将生理阴阳特征和性颠倒关联起来仍是站不住脚的。对于第一种人的说法，性颠倒者缺乏性行动力或者性器官欠缺，这是事实，但毕竟是少数，根本不可能说明全部。第二种的人说法更容易被驳倒，因为很多人本来就同时具有两性特征，性颠倒者身上那些被强调的次要特征，在异性身上也可以发现，然而他们却没有改变性对象。

由此，我们可以确定，性颠倒和生理阴阳人其实是没有关联的两回事。

另一方面，如果我们要承认有所谓的心理阴阳人的存在，还必须有这样的事实依据：在性对象发生转变的过程中，他们的其他精神机能也应该有所改变，比如会逐渐表现出明显的异性特征，性行动也会发生改变。然而事实并非如此。人们发现，仅是女性性颠倒者会发生性格、心理上的颠倒，男性性颠倒者则不然，而且，男性性颠倒者中，不乏非常具有男子汉气质的。这些特例的存在，彻底驳斥了存在心理阴阳人的假设。同样，生理阴阳特征也是如此。正如哈尔班所说，一个人身上的退化异性器官跟这个人的次要性特征之间，即使是在表面上也并没有确切的关联。

曾有一位研究性颠倒的男性专家对双性人做过通俗生动的描述，说男性颠倒者是"装错了女性的脑子"的一种人。这种比喻虽然通俗易懂，然而却不能解答我们的迷惑，我们仍是没法理解"女性的脑子"又是什么样一种东西。所以说，用解剖学名词取代心理学名词，既不确切，也无必要。另外还有一种出自克拉夫特·埃宾的解释。他认为，双性倾向的发展不仅在一个人的性器官上有所显现，在这个人的大脑中枢也会产生不同于常人的情况。原本，一个人的大脑中枢只有一种性别形态，而双性人因为同时受到男性性腺和女性性腺的影响，会在青春期时分别形成男性和女性形态的大脑中枢。

克拉夫特·埃宾的见解虽然更为精确，但却不见得更高明。所谓的"男性中枢和女性中枢"，说到底不过是"男性脑子和女性脑子"的另一种说法。而事实上，我们根本无从得知，人的脑子里是否真有一个专门的区域负责所谓的男性或女性思维功能，就像语言中枢负责一个人的语言能力一样。尽管说法不一，没有定论，但经过上述讨论后我们可以推出两个看法：

其一，双性倾向同样存在于性颠倒者身上，只是，我们所知的也仅仅是解剖学所揭示的，其他的无法论断。

其二，到目前为止，我们所讨论的部分，其实是性行动在发展过程中经历的障碍。

性颠倒者的性对象

持有心理阴阳论的人有一个相同的观点，即认为性颠倒者的性对象跟正常人刚好相反。以男性性颠倒者来说，他就像一个女人，所以对他来说男性才具有诱惑力，他会在男性身上寄托情爱渴望。

尽管这种说法符合绝大多数性颠倒者的情况，但我们不能据此认为这是性颠倒现象的基本特征。这么说是因为前面我们曾提到这么一个不可否认的事实：很多男性性颠倒者仍保持着极其明显的男性特征，并没有表现出异性形态、气质。此外还有一点，就是不少这样的男性性颠倒者寻求的同性对象明显具有女性气息。最好的例子就是，古往今来的男妓们在为性颠倒者服务的时候，常常要浓妆艳抹，扭腰作态，假扮成女人的样子。如果我们承认性颠倒者的基本特质包括个性、气质、形态上的颠倒，那么一个男性性颠倒者对这类男扮女装的男性的态度就应该是唯恐避之不及。

据说，古希腊时期的男性性颠倒者往往是一些非常强壮同时具有男子汉性格的人，而那些被他们看上的男孩多多少少会呈现出一定的女性特质，诸如温柔、羞怯、天真可爱、娇弱等，这些特质正是吸引他们的地方。这些被男性性颠倒者追求过的男孩在长大成人后，就不会再是男人追求的性对象，而他们自己则可能会变成一个爱恋男孩的人。在这种情况下，男性性颠倒者的性对象其实是融合了两性性特征的同性之人。对于他们来说，这样的选择是一种妥协，它恰到好处地调和了当事者同时具有的对男人和女人的渴望。而他们的妥协有一个前提，就是所追寻的性对象必须具有男性的性器官。

女性性颠倒者的情况更为清晰明确，在她们之中，那些主动型的颠倒者在形态和生理上都往往具有明显的男性特质，而她们的性对象也多是一些具有女性气质的女同胞。不过即便如此,只要深入挖掘事实,仍可以从中找到她们之间的诸多差异。

性颠倒者的目的

有一个事实我们必须牢牢记住:性颠倒者的目的各有不同。对于男性性颠倒者来说,有的目的是肛门性交,有的是互相手淫,实际上前一种并不多见,后一种则更为普遍。在这种情况下,不少性颠倒者宁愿把性目的局限于自恋,而不是寄托于异性。同样,女性性颠倒者的目的也不是千篇一律的。其中,最常见的一种是以口腔黏膜来相互触碰对方。

结论

以我们现在掌握的资料,还无法充分、合理地从根源上对性颠倒现象做出解释。但是,经过前面所作的探讨,我们收获了一种比解决问题的方法更为珍贵的东西——洞察力。此前,我们过于看重性本能和性对象之间的关系,如今,我们的经验分析却提示我们:不能被正常状态下本能与对象间的关系蒙蔽,而应该同时注重事情的另一面。也就说,我们应该注意到,本能与对象之间是可以分离的,一个人的性本能也许跟其性对象完全无关,更绝不仅仅是因为受到了性对象身上的某种刺激。

二、恋童症或恋兽癖

渴求的性对象不同于常人,这是性颠倒者跟常人最大的不同,在其他方面,他们跟常人并无二致。但是,具有恋童症的一类人则不然。所谓恋童症,是指专门以儿童或性未成熟者作为性对象,这是一种更加罕见且极其反常的变态行为。这种人,可能表现出意志薄弱、性无能的特征,也可能是基于这么一种情况:当事人兽性大发却一时又找不到适当的对象,其本人又缺乏自制力。

通过恋童症这一异常现象,我们可以进一步发现性本能的真相:性本能的对象比我们想象中多得多,甚至被贬值到如此不堪的地步。对比之下,人出于饥饿而觅食的本能却相当纯粹,因为即便面临窘境也不至于落到"饥不择食"

的地步。此外，恋兽癖现象，即人与其他动物发生性关系——这样的事情在农夫中发生较多——这种同样罕见且异常的现象从另一方面又让我们得出一个结论：性的吸引力居然大到可以消除物种之间的界限这一地步。

如果从美学角度去分析的话，我们可以把恋童症、恋兽癖这类极尽变态的现象归结于精神失常，然而这种希望是徒劳的。因为，诸多的案例表明，即便是精神病患者，他们因性本能障碍所做出的行为，在一般情况下也不至于沦落到恋童、恋兽这样的地步。现实中更多的情况是，性侵儿童的丑闻常常发生在能够经常接近儿童的教师或者一个家庭的仆人身上。即便精神病患者中也有此类现象，但相对来说，他们的变态行为只是表现出更多的随意性和强烈性，又或者可以说，正是他们的精神病态使他们迫不得已排斥了正常的性满足，转而寻求其他的满足途径。这样的结论说明了一点：精神病患者在性对象的寻求方面，与正常人并无明显不同。

解释上述论点的理由是：在正常情况下，一个人的性行动并非受其精神活动影响。从很多的经验案例中我们可以发现，不管什么类型的精神病患者，他精神方面的失常并不会导致他性生活失常。相反，有的人尽管性生活异常，但他的其他方面，诸如精神状态、社会交际等仍和常人无异。可以说，除了在性方面他们的步伐与时代不一致，在其他方面，他们都与人类的文明共同发展。

综合以上观点，我们可做如下结论：在对性本能进行研究中，很多时候，探讨性对象并无价值和意义，性本能中肯定还有其他尚未被我们发现的事物，它们也许才是具有根本性的必要内容。

第二节 性目的之变异

两性性器官的交媾是典型性交行为，同时也是目的。这种交媾可以暂时消除性交双方的性欲，舒缓他们的紧张，使他们产生一种类似饥饿之中得到食物填充一样的满足感。但是，正常的性行为中包含的一些附属行为，诸如亲吻、抚摸、观看对方等一系列导向性目的的动作，如果陷入畸形发展的话，同样会导致性的变态。这些附属行为本身会使双方愉快，同时还可以触发双方的激情，它们是达成性目的的手段。比如嘴唇虽然不属于性器官，但接吻时双方以彼此嘴唇黏膜互相接触。许多民族，包括一些具有高度文明的国度，都会赋以嘴唇相当重要的性意义和价值。在这基础之上，这些附属动作自然就成为了正常性现象和异常现象之间的纽带，可作为我们判断性行为是否变态的依据。

大致说来，异常性现象可分为两大类型：一种是性交时所用的身体部位超出了该身体部位在解剖学上的意义和用途；另一种是本应服务于最终性目的的"前戏"过程被延长了。

一、解剖学上的改变

对性对象的高估

在选择性对象时，人们往往会从各方面评估对方，包括对方的身体状况以及精神、气质。除非是极其特殊的情况，一个人才会仅从性器官方面去评估他的性对象。同时，评估者会因为过于注重从精神、心智方面去评估，以致出现高估现象，坚信他的性对象性格非常完美，道德非常高尚。这种爱情上的盲目，即便不能算到对权威服从的心理模式当中，却也算是导致权威产生的重要原因。而也正是因为这种盲目的高估，使得人们冲破以性器官的结合为性目的这一限制，将身体其他部分也作为性目的追逐的内容。

对性的过高评估这一事实，是一项重要因素。从有关男人的研究资料里，我们可以发现它的重要性。之所以选择从男性方面探讨这个问题，是因为女性的性生活曾一度受到文明的抑制，而女性本来也比较保守，在性方面比较隐晦，使我们难探真相，而相对来说，男性的性生活及真相则更加明朗，探究起来也容易得多。[1]

1　在典型的情况下，女性没有表现出对于男性对象的任何过高估价，但是她们对于子女，又总是过高地估价。——原注

口唇黏膜的性用途

两个人相互亲吻属于正常的性现象，当一个人以嘴唇、舌头去接触另一方的性器官时，则属于性变态。所以说，如何使用嘴唇或舌头，可以算是判断性行为正常与否的依据。

唇舌对性器官的性交方式虽说属于性变态现象，且被不少人所排斥乃至厌恶，发誓绝对不会以这种方式满足性欲，但事实上，这种方式自古有之，且一直以来都相当盛行。人们的这种厌恶感其实是受制于习俗的，亲吻时口唇相对，一对恋人认为这很正常，然而如果让他们使用对方的牙刷，他们就禁不住恶心，恶心却也不是因为自己的口腔比对方的干净，而只是因为他们习惯了使用自己的口腔。由此可知，关于前面提到的人们的厌恶感，它的真相是：

这是一种阻止人们高估性对象的力量，然而在个人的原欲面前，它往往又是不堪一击的。这种力量同时也是一种限制性目的的力量，通常情况下它并不指向性器官，但是有时候，厌恶的对象也可能是异性的性器官。这种情况，在具有歇斯底里症状的患者中，尤其是女性癔症患者最为明显。性本能的力量，主要就是为了克服这种厌恶感产生的力量。

肛门的性用途

从由于厌恶感受到阻碍的程度说，相对于以口唇为性目的的现象，以肛门为性目的的现象使人产生的厌恶感的程度更大。这种厌恶的来由很好理解，然而这意味着这种厌恶感很好吗？不见得。在我看来，一个女性癔症患者因男孩的生殖器也用于排尿而对之产生厌恶，这和前一种厌恶并无不同。

肛门黏膜的性用途并非只限于男人之间进行性交时所用，而一个人对肛交方式的喜好也不表示他就是性颠倒者。相反，在使用这种方式时，"恋童"或使男人取乐的童子更像一个女人。对于真正的性颠倒者来说，互相手淫才是最常见的性目的。

身体其他部位的性用途

从身体的其他部位去挖掘性本能的真相，这么做的结果不会给我们带来新发现，而只会让我们更加确定这么一个事实：为了占有性对象，性本能会想方设法从性对象的身体上下功夫。而从解剖学上探究身体部位的性意义，除了让我们了解到性变态与对性对象的高估之间的联系之外，还有一个不为人知的事实：口腔、肛门黏膜等身体的某些部位，因为在性交中经常被使用，所以已然被人们视为性器官。在后面的讨论里，这一事实会被我们逐渐证实，而它的合理性也可以用来解释某些病症。

性对象的不适当替代物：恋物癖

在性变态现象中，这么一种情形更能引起我们的兴趣：正常的性对象不是人，而是与性对象有关，但根本不可能成为正常性目标的某种物品。这一性变态现象属于性对象的"变异"，其形成的根源是一个人具有盲目的激情的同时，放弃了正常的性目标。对这一现象的解释，最好放在我们分析完"性的高估"之后，所以在此暂不深究。

性对象的替代物，通常为身体中与性目标无关的部分，或者是一些具有深意的非生物物品，如脚、头发，或者衣服碎片、内衣等，都可能成为性对象的替代物。这种以物品为性对象的方式，跟原始氏族以"圣物"为崇拜对象的方式十分相像。原始人由"圣物"想象出神灵的样子，这些人由替代物想象出性对象的样子，他们的异常行为被称为恋物癖。

恋物癖的形成有一个过程，在这个过程中，有些人的性目的虽然异常，却不至于错乱。值得一提的是，通常说来，能够满足他们性目的的性对象必须具备某些特质，比如头发须是某种颜色，衣服须是某种样式，或者身体须有疤痕等。他们这种另类且强烈的癖好，其实已经跟恋物癖没有什么不同。总之，这些行为都过于异常，比其他类似的变态性行为更激发我们的兴趣。可以假设，这种人的性能力或多或少受到了损伤。最常见的损伤是性器官的衰弱，其症状又表现为体质的衰弱。然而，根据精神分析法，衰弱却不一定是生理因素引起的，也有可能是某种偶然导致了心理障碍，继而影响了身体机能。比如，幼年时期对性产生过恐惧，使他们后来放弃了正常的性目的，转而寻找性对象的代替物。当一个正常人过高估计其性对象，把跟性对象有关的事物的价值意义都抬高后，也会出现这种情形。也就是说，某种程度的恋物癖属于正常现象，尤其是在人们求婚的初期，当性对象遥不可及，性目的几乎不可达成的时候，恋物癖最有可能发生。歌德《浮士德》第一部分第七场中有这么一段：

> 我甚至渴望
>
> 她诱人的胸衣，
>
> 碰触过她美腿的裙子！

如果恋物癖发展成为对某一物品的执着追求，使这一物品完全取代了正常的性对象，那么这种程度的恋物癖就是一种病态的性行为。这一原则，可以用来判断"恋物"这一性行为的性质属于稍微异常，还是属于完全变态。

比纳特（Binet）提出，一个人在幼儿时代的某个深刻的性印象，会影响他选择什么物品为崇拜物。这一观点和我们所熟知的谚语"最难忘的是初恋"十分相似。在选择性对象时，一个人虽然会受到各种引发恋物癖的因素影响，但在众多的例子中，起到最关键作用的仍是个人幼年时期的某个性印象。对此，我们将在后面举例证明并详细讨论。

恋物癖的形成另有一种特殊的情况，即一个人在无意识的情况下就以替代物取代性对象。这种情况我们也难以解释，只能说当事者可能受到了一种连他本人都不清楚的象征性思维影响。当前我们所知的是，脚是一种非常原始的性象征物，神话之中对此有所描述。而一个人以皮毛为性对象的替代品，可能是因为皮毛让他联想到了阴毛。这样的联想，或许仍是跟当事者的童年性经验有关。

二、对性前戏的执着

性目的的新形态

阻碍性目的原因既有内在的如性无能，也有外在因素如追逐性对象困难、对性行为有忧虑等。无论是何种因素，都会给人带来巨大影响，迫使人宁愿停留在性目的达成前的一系列动作上，并以这个过程为乐，使之成为新的性目的。这个新的性目的纵然奇特，它的出现却不突兀。人们早就通过诸多的例子发现，这个过程本身就存在于正常的性行为中了。

抚摸与观看

抚摸是人们在达成性目的之前不可缺少的一种行动。与性对象肌肤相亲时，人们会获得一种奇妙的乐趣和快感，同时刺激对方。只要人们把这种方式当成正常的过渡，即便抚摸的过程稍微延长，也还是合理的。

观看同样如此，它的性质与抚摸相似。不同的是，抚摸通过触觉引起刺激，观看是以视觉印象来进行刺激。这种刺激性兴奋是最为常见的，人们在选择性对象时依靠最多的就是视觉。通过这一方式，人们得以评判性对象的美丑，希望性对象具有美感。

随着文明的发展，人们的审美标准也越来越高。为了刺激人们的视觉神经，人们穿着变得更加大胆开放，不少人通过裸露部分来激发性对象的好奇心。如果一个人对性对象的好奇不仅针对其性部位，而是针对其全身体态的话，人们便会认为这种好奇心甚至具有艺术性。[1]正常来说，每个人或多或少都会有具有这种好奇心以及对异性身体的喜欢，而且，某种程度上，这种感情可以将人们的原欲提升到高级的艺术层面。但是，如果是下面三种情形的话，"观看"则属于异常的性行为：其一，观看的对象仅限于性器官；其二，观看的欲望压倒了正常情况下会产生的厌恶感，比如喜欢看别人大小便；其三，观看的行为非但无法促成观看者的性目的，反而会压制其性兴奋。

以我的精神分析实践经验来看，第三种情形通常表现为患者将自己的性器官暴露出来。裸露癖者认为，只要他将自己的性器官裸露出来，那么别人也会将性器官暴露给自己看，这种想法是促使他主动裸露的关键原因。想看别人性器官，同时想让别人看自己的性器官，这一性变态现象十分奇特。我们可以将

---

1 在我看来，"美"的概念毫无疑问根植于性兴奋之中，它本来的意思是"能够激起性感"。这与一个事实有关，即我们从不把能够激起最强烈的性兴奋的生殖器官本身看做是真正美的。

它的变态性目的分为两种：主动型和被动型。在之后的讨论中，我们将对此做更为详尽的讨论。

在此要提出的一点是，消除偷窥、裸露这种性变态行为的关键因素，是患者本人的羞耻心，即我们前面提到的厌恶感。

施虐与被虐

在克拉夫特·埃宾看来，性变态行为最常见和最重要的有两种，一种是喜欢看性对象痛苦，即具有施虐倾向；一种是喜欢性对象给自己造成的痛苦，即具有被虐倾向。前一种是主动，后一种是被动的。埃宾分别将这两种倾向称为虐待症和被虐待症，这两个词包含了任何一种形式所产生的羞辱和屈服所带来的快乐。有的人则统称这两种倾向为"性虐淫"，显然这种说法的意义比较狭窄。不过，这个词同样强调了这种变态性行为所产生的痛苦和残酷之中隐藏的乐趣。

其实，主动型的性虐淫，即施虐倾向，在正常人身上也有所显现。它表现为，很多男人在性活动中多多少少会表现出征服欲和攻击性。从生物学的层面来说，它又表现为男人在情爱关系中的种种行为其实都出于战胜性对象的渴望。因此可以说，虐待症实际上是性本能包含的侵略心理的独立和强化。

日常用语中的"虐待症"一词有几种差异较大的含义，但并非每一种含义下的情形都属于性变态。施虐的程度不同，"虐待症"的含义也不同。轻微的施虐和导致性对象蒙受屈辱乃至遍体鳞伤的施虐是完全不同的概念，严格地说，只有后一种情形才算性变态现象。

同样，"被虐待症"这个词的含义也有几种，被虐者对性生活及性对象的被动态度决定了被虐的情形有所不同。仍如施虐一样，真正的被虐狂需要性对象给自己制造充分的身体或者精神上的痛苦寻找合理性，进而推出这么一个观点：被虐症实际上是施虐症的演变。相比于施虐症，被虐症这种反常性现象的结果与性目的更是相去甚远，以至于我们不得不怀疑对象指向了自我。我们曾对各种极端的被虐症进行过临床分析，结果发现确实如此。被虐症是各种因素相互强化的结果，这些因素诸如阉割情绪和良心感等，是引发原始的被动性态度症状的主因。

正如前面所说要强化厌恶感和羞耻感来消除裸露症之类的病态一样，消除被虐症的关键在于，要加强患者的痛楚感。这些感觉，本质上都是压制原欲的一种力量。

虐待症和被虐待症有一种特殊性：其行为中表现出来的主动态度与被动态度的鲜明对比，本就是性生活里常见的特征。基于这种特殊性，这两种病症在性变态现象中的地位就相当特殊。它们解释了一个不可辩驳的事实：有史以来，性本能本就与残酷的行为有所关联。但是，在具体解释这种关联时，还没有学者能够提出比"原欲中的侵略本性在性行为中被强化"更高明的看法。

部分专家认为，原欲中包含的侵略本性，源于原始时期同类相食的习性。换言之，压倒性对象，会满足个人发展过程中的一种征服欲，以及他更进一步的欲求。另有人提出，任何一种痛苦之中都可能包含了快感。在此，我认为没有继续论述的必要了，我们不妨这么总结：由于我们的心智有限，且观点中常常带有偏见，所以，各种解释都难以完美并令人信服。

不过，我们仍可以挖掘更多客观的事实。比如，我们发现，"性虐淫"有一个十分明显的特征，即施虐倾向和被虐倾向往往同时出现在一个人身上。一个人如若能从施虐中得到性快感，他通常也会从被虐中得到性快感。也就说，一个施虐狂往往也同时是被虐狂。这正应对了我们前面提出的一个结论：被虐待症是虐待症演变而来的。只不过，判断一个具有性虐淫的人到底是主动型还是被动型的，取决于他在哪一方面表现得更为强烈。

至此，我们可知，性变态现象的两个极端，很多时候会在同一个人身上显现出来。这一结论非常重要，关系到后面我要谈的内容。通过之后的讨论，我们会进一步发现，原欲中包含的侵略本性，并非导致性虐淫形成的全部因素。造成一个人同时具有施虐倾向和被虐倾向的原因，更应该是双性人心理的极端强化作用。通过心理分析，我们可以将这一作用效果分成两种，一种就是施虐狂的产生，一种就是被虐狂的产生。

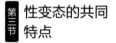

一、性变态是否属于疾病

正如人们会理所当然把性颠倒看作疾病一样，研究性变态的专家或者医生，一开始也很容易把性变态视为一种疾病，或者是退化的症状。但是，和那些性颠倒的观点相比，这种看法更没有依据。很多的生活实例表明，在正常人身上也或多或少地存在着某些变态性行为。在一定情况下，也不乏存在这么一种可能：这些行为逐渐成为一种习惯，进而取代了正常的性行为。又或者，它们和正常的性行为同时存在。总之，我们很难找到这么一个人：他在性方面完全正常，不会追求那些被视为"变态"的性行为或者附属的性目的。也就说，性变态所指的性行为非常广泛，以至于几乎每个人都会受到牵连。所以，我们又何必定义它们为无耻之行呢？

我们不如认清这么一个现实：以我们的心智和目前所知的经验，根本无法在性行为方面画一条清晰的界限，定义一边为正常，一边为病态。然而，纵然如此，我们仍要对某些性变态现象中的性目的进行探讨。

有些性变态现象中的性目的过于怪异，这必然会引起我们的注意。还有些性变态现象与正常状态之间的差异过大，以至我们只好将它们归类为"病态"现象，诸如吃大便、奸尸等。通过这些极端、特殊的例子，我们发现，性本能一旦克服了诸如羞耻、厌恶、痛楚之类对原欲的阻抗力量，很有可能会造成令人震惊的结果。但是，我们能由此推论当事者是神志不清或者"有病"吗？显然不行。因为另一方面的事实是：诸多案例表明，有的人其他各方面都正常，唯有在性生活方面反常，因为性本能是一切本能中最不好约束的一种。而有的人则反之。

判断一个人的性变态行为是否属于病态，我们不能以他与众不同的性目的为依据，而应该综合其行为的方方面面，并通过和正常性行为进行对比，再看看它们是否反常。如果各种环境条件是促成性变态的因素，且使正常的性行为完全受到压制，当事者完全不可能再接受正常的性对象及性目的，那么这种性反常行为才是病态的。反过来说，如果性变态没有执着性，并不排挤正常性行为，那么它就不属于病态。

二、性变态中的精神因素

我们发现，性变态现象的形成有精神方面的因素，在那些最令人恶心的性变态现象中，也多少是经由精神能量转化而成的。也就是说，从这些具有变态性行为的人身上，我们仍是可以找到性行为在理想化过程中呈现出来的价值。甚至，我们可以认为，没有任何情形比这种性反常现象更能展示爱情的魔力。理解这点并不难。由原欲而发的最高级功能和最低级功能本来就不是绝对分割的两极，两者好比分别是天堂和地狱，之间步步相关，会时时转换，而处于中间地带的那部分功能就好比人间。

三、两个结论

现在，我们明确了这样一个事实：某些精神能量或者阻碍作用会影响到性行为，其中最常见的两种是羞耻感和厌恶感。这些阻抗力量对于性行为来说首先是必须的，因为它们能够将性行为限制在正常范围内。特别是当一个人还不能充分驾驭自己的性行为时，这些力量更会起到积极作用，能够引导性正常地发展。

另外，诸多案例还告诉我们，某些性变态现象是在多种动机的相互作用下产生的，也就是说它们是一种复合性的性行为。这就等于提醒我们：性行为这种"东西"也许是由许多不同的"成分"组合起来，而有时候，某一种"成分"脱离了整体，由此就导致了性变态。事实上，根据临床观察的经验，我们发现正常的性行为的确是由许多种不明显的行动"融合"而成。

在此，我们还可以对性变态做以下补充：犹如恋物癖成型之前会有一个正常恋物的程度一样，在性变态成型之前，当事者也有过短暂的正常之"性"。心理分析中，性变态被认为是恋母情结导致的。恋母情绪在一定程度上是合理的，当这一情绪被压抑时，当事者性本能所包含的那些具有强烈倾向的成分就会彰显出来。很显然，这一结论和我们所补充的观点一致。

第四节　心理疾病患者的性行为

一、精神分析

我和布劳尔（J. Breuer）在1893年曾提出一种用于精神分析研究的方法——宣泄法（Catbartic）。我认为，这个方法是唯一可以用来了解那些心理疾病患者的异常性行为的方法。确切地说，该方法可以解决的问题包括癔症、强迫症（obsession）、名字不恰当的所谓神经衰弱症（neurosthenia）、早发性痴呆症（dementia precox）以及妄想症所引发的性变态问题。在此要指出的是，早发性痴呆症又被普遍地称为精神分裂症，按照当今的分类，它与妄想症一样同属于精神疾病（psychoses），而不属于心理疾病（neuroses）。

此前我提出过这样一个观点：以我的经验来看，来自性本能方面的推动力，是引发上述神经症状的因素。现在我仍要重申这个观点，不过，我同时要指出，我的意思并非是指这些病症仅仅是由性本能方面的原因导致的，只能说，性本能是这些心理病症的能源所在，且起到了非常重要的独特作用，透过这些病症，我们可以窥见患者性生活的部分情况甚至全部情况。换言之，这些病症就等于患者的性活动——我在其他的文章中表达过这一看法。证明这一说法的最好证据，就是我最近二十五年累积起来的歇斯底里症和其他有关各种心理疾病的行医经验。我曾从研究中抽取了几个病例加以详细报告，以后我将它们发表出来。（根据我的经验，心理疾病的起因是，一个人面临两种相反的需求却得不到解决。这两种需求分别反映出的，一方面是原欲中的各种性本能，一方面是自我对它的反应。）

精神分析的实践证明，癔症患者表现出来的歇斯底里，跟患者个人的各种精神元素包括心理发展过程、期待以及某种愿望有着密切的关系。该症状生动地展示出了患者精神的方方面面，从这点来说，歇斯底里症就是它们的替代物。

诸如期待、欲望之类的精神元素之所以会变成一种病症，是因为它们曾经被压抑、封闭在潜意识之中，而一个人天生有着宣泄感情的需要和力量，当它们被长久地压抑之后，就会通过生理变化表现出来，这就是我们看到的歇斯底里症状。如果我们借助技巧，循着症状寻找到患者的潜意识，我们就可以发现那些处于隐藏状态的精神活动，继而帮助患者宣泄感情。

二、精神分析的结果

歇斯底里症与性行为有关，是一种挣扎行为，这一事实能够清楚地解释患者表现出的种种症状，诸如其发病前的性格变化。歇斯底里症患者表现出的异常的性压抑情绪，正是因为在扩大了羞耻心和厌恶感造成的阻抗作用后产生的，从而阻抗了性行为。他们逃避自己的原欲，使内心绝不受性的污染，结果就是歇斯底里。

在一些极端的病例中，我们甚至发现患者根本没有一点儿性知识，即便他已经到了性成熟的年龄。[1]这种极端的情况其实是歇斯底里症最明显的展示，不过，最初的时候它常常被以另一个因素解释，即性饥渴的过度展示。最终，精神分析还是指出了这个谬误，并揭示了真相：它并非是性饥渴的过度展示，相反，它是过度的性抗拒的展示。也就是说，歇斯底里症存在这么一种鲜明对比，即一种强烈的性欲望和压制这种欲望的性排斥力的对比。隐藏有歇斯底里病症的患者在性成熟之后或者在受外界环境影响的情况下，他们便会因为再也无法逃避性需求而发病。不过，即使在发病时，那种对比的冲突仍然无法消除。最终，抗拒原欲的挣扎转化成为病症，使患者避免了难堪。

从以上的结论出发可见，通常情况下，唯有在性行为的冲突之下，具有歇斯底里性格的人才会发病，如果他是因受到了微不足道的情绪波动而发病，那就是很奇怪了。精神分析的结论同样如此：以性为中心的冲突，才是使精神反常以致造成疾病的根源。

1　关于他首次应用宣泄疗法的病人，布鲁尔写道："她的性知识贫乏得惊人。"——原注

三、心理病和性变态

有些人的看法跟我不同，他们认为我所说的源于性冲突的心理病症不过是正常性活动中的偶然现象而已。对于他们的看法，以我的经验所知，无论如何我都无法接受。因为，精神分析表明，这些症状代表的是能够在幻想或者行动中得到表现的异常性行为，而不仅仅是或者绝对是源于正常的性行为。更确切地说，它们某种程度上就是性欲异常的结果或者说负面性、被动性的表现。有三个事实的细节十分契合这一说法：性变态者在潜意识中会幻想自己的异常欲望在有利的情况下可以转化为行动；妄想症患者的恐惧源于他本身产生、而后投射到他人身上的敌意；精神分析通过分析症状同样表明具有歇斯底里症的人存在潜意识方面的幻想。

根据对心理疾病患者的性行为的研究，我们发现，一切性变态行为大致分为两种，一种属于正常范围内的异常，一种是病态的异常。以下从三个方面进行论述：

一、我们在所有心理疾病患者身上有一种特殊的气息，也可以说是共同点：患者身上有着根深蒂固的原欲，以及他潜意识中可以感觉到自己的性反常。因为缺乏更充分的资料，我们未能进一步探讨这一共性因素的重要性。不过，在此我可以确定，性变态倾向必然存在且是普遍存在于竭斯底里症的男性患者之中。

二、解剖学上的变位性接触行为，在心理疾病患者的潜意识中都有存在。可以说，它们是制造患者病症的罪魁祸首。其中最常见且最严重的是变位倾向是，把口腔及肛门粘膜作为性器官。

三、此前说过的那些成双成对出现的对比鲜明的欲望，在神经症状中也有所显现，它们有的还表现出新的性目的，诸如以观看性对象为乐、暴露性器官或者性虐待等。它们控制了病人的一部分社会行为，使病人以爱为恨、变友情为敌意。这些都是心理疾病的明显特征，在妄想症患者中表现得尤为明显。说到底，这都是在原欲和凶残行为结合后产生的。

为了使上面的论述更加有趣，我们再进一步补充一些奇特的事实：

一、在潜意识里存在的某个倾向，往往同时存在着这个倾向的对立面，且这个对立面的存在会通过事实得以证明。也就是说，一个人如果属于主动型的性变态，那他会同时接受被动的同样变态性行为。最鲜明的例子就是潜意识里有施虐倾向的人同时存在着被虐待倾向，而潜意识里有暴露症的人会同时具有偷窥倾向。两种相反的性变态现象往往同时在一个病例中显现，不过比例不同，只有其中的一种倾向占据主导地位。

二、我们发现，具有严重心理疾病的患者做出的异常性行为，通常不会仅有一种，而是多种共同出现，不过仅有一种最为突出，留下了明显的痕迹，其他留下的痕迹可能不明显。这一事实为我们提供了更详细的资料，使我们得以了解心理疾病隐藏的更多面。

第五节 性的部分冲动和快感区域

在弄清了性反常的两种对立面的真相后，我们可以发现，正面或者负面的性变态行为，原本是"部分或局部冲动"。基于这个观点，我们可以继续进行下面的论述：

一般所说的刺激是指外在因素引起的，而我们所说的"本能"刺激却不同，它源自于肉体，表现在精神上，在概念层面上属于精神性质的东西。在此，我们可以设想它并无实质性意义，而只把它当作用来衡量精神活动的一种尺度。至于它是一种怎样的行为，它的特殊性是什么，则只能在研究这种行为的肉体来源和它的不同目的之后才能知道。关于性本能，还有一个不可忽视的有趣理论：体内存在两套具有不同化学性质的刺激作用，当其中一种刺激作用占上风时，"性"就出现了，而刺激波及到器官则被称为快感区，快感区因受刺激而产生的反应就是"局部冲动"。当然，因为缺乏更广泛的心理疾病资料支持，这一假设目前仍难以被证实。即便如此，我还是需要这些资料来充实"本能"这一知识点。

部分异常性行为以口腔或肛门为主要性器官，这时，快感作用依然存在，甚至相当明显，以至于这两个部位跟正常的性器官毫无区别。歇斯底里症患者身上的这些部位往往具有更明显的快感反应症状：它们的上下黏膜区的神经分布跟正常的性器官一样，从而使患者得到了正常性交所产生的那种快感。

口腔、肛门这类额外的性器官（或性器官的替代物）的快感区，对歇斯底里症患者来说极其重要，在其他病症中，它们也不可忽视。强迫症和妄想症患者的快感区往往模糊不清。因为发病部位的心理意义与前者毫不相关，这一点在强迫症的异常中表现得尤为明显，它所设立的性目的或者说行动意义，跟快感区没有一丝关系。然而，事实并非像表面所见的那样。例如，暴露症患者的快感区其实是眼睛，而那些包含着痛苦与虐待的性行为中，快感区是皮肤。当然，这样的例子较为特殊。通常情况下，皮肤才是真正的快感区，因为它上面有一些特殊的部分可以分化，并吸收附近的黏膜。[1]

第六节 神经症常伴随性变态的原因

在上述讨论之后，有的人可能会产生这么一种误解：神经症患者注定会背离正道，本来就是性变态的。普遍来说，神经症患者确实具有性压抑、强烈的性冲动这样的症状，有的人还会具有特殊的性变态倾向。不过，对一些轻型病例的分析证明，神经症并不一定会导致患者背离性常态。也就说，人们的误解终归还是误解。准确来说，神经症对性行为确有影响，但影响并不明显。

我们发现，多数神经症患者都是在青春期发病的，发病前曾承受正常的性冲动带来的压力。可见，是他们潜在的抑制作用阻挠了他们的正常性欲。有的患者发病较晚，但多半也是因为正常的性欲得不到满足。这两种情况，本质上都是原欲受到了阻碍，欲望发泄的主要通道受阻后，便寻求其他偏道。久而久

1　说到这里，我们想起莫尔对性本能的分析，他把性本能分为"接触"的本能和"消肿"的本能。接触欲代表一种皮肤相接触的需要。——原注

之，这些人就比常人更善于在偏道上实现性目的了。

在此要强调的是，使一个人背离性常态的，除了诸如没有自由、正常性对象和正常行为得不到满足之类的外在因素，内在因素如性压抑也很重要。心理疾病各有不同，有的患者的性变态乃先天因素导致，有的则如前面所述，是后天由于某种原因而使原欲走偏了方向。各种影响力和因素的相互作用是分不开的，我们也不必将它们分开。由此我们还可知，只有当先天体质和后天因素都导向某一性变态倾向时，神经症才会表现向极端发展的趋势。不过，这也不是唯一的情况。因为，一个天生就异常的人，无需后天因素也可以背离常态。反之，一个天生正常之人，在后天累积了诸多反常经历后，也可能变成异常之人即神经症患者。这种解释，同样适用于其他可能由先天或后天因素造成的疾病。

如果有人还是坚持神经症会引发性变态这一设想的话，那他就等于强调了不同快感区或者某种特殊的性行为的作用。

综上所述，我们不应该以先天倾向来对神经症和性变态的关系一刀切。要想探知这两者之间的关联，我们还需进行更充分的深入讨论。

第七节 幼儿时期的性欲

神经症伴随着许多种性变态情绪——证实这一事实之后，性变态的人数就会增多起来。之所以这么说是因为神经症患者本来就普遍存在着，而我们又很难找到分辨正常人和这类人的明显界限。莫比尤斯曾说过一句话："每个人或多或少都有歇斯底里症"，这句话说明了性反常现象的普遍存在。这样的事实让我们不由想到，性反常现象绝非存在，它是正常性活动中的一部分。那么，它到底是先天因素决定的，还是像毕纳特分析恋物癖时所证明的那样出于偶然？关于这个问题，也许永远没有一个确切的答案。

性反常现象的确有先天因素的作用，但类似的先天因素在大部分人身上同样具备，只不过它们表现出来的结果会受到个人后天经验的影响。所以说，答案并不在于是先天的还是后天的，而在于我们讨论的重点是哪一方面。

先天因素的作用无疑很关键，它也是我们讨论的重点。先天因素中的异常性倾向，在后天环境的影响下发展向两个方面：一方面它使得有些人以性本能为根源，成为异常性行为的落实者，比如那些所谓的"性变态"；另一方面，它在另一些人身上以病态的迂回形式分流了部分性能量，使他们成为人们所谓的性压抑者。很明显，处在这两个极端的人能够有效地节制自己，同时努力满足原欲，他们得以拥有正常的性生活。

至此，我们可以指出，包含有性变态的先天因素，只有在孩子身上才能发现——虽然这很难，因为孩子的性活动表现得并不强烈。假如相信了这一点，我们就可以逆着思维进一步指出：神经症的存在，是因为患者本人仍旧保持幼儿时期的原欲状态，或者他返回到了那种状态。由此，我们的兴趣便会转向幼儿时期的性活动。接着我们将要对此进行探讨，从那些影响幼儿性生活发展的力量去挖掘出有关性变态的真相。

第二章·幼儿的性欲

 前 言

一、幼儿时期的性

在很多人看来，幼儿是没有什么性欲的，性行为是在一个人的青春期突然出现的。这一错误的认识表明，我们对性生活的基本原则根本毫不知情，这是一种严重的错误认识。幼儿时期其实存在着各种性征兆，只要我们从不同的角度对这些征兆进行充分的探讨，就可以了解幼儿性欲的来源、特征和发展。一些研究成人性格以及性的学者们却在方向出了错，他们认为人类的发展史比个人的发展史更重要，因此不是从童年特征来探讨解析幼儿的性欲，而是追溯到人类祖先的源头，从遗传学方面去探讨。

事实上，童年经验的影响力比人类遗传力量带来的影响对个人性发展更为重要，也更容易了解，而如果不了解一个人的童年的话，也很难说了解遗传因素。所以说，研究幼儿时期的性欲更有利于我们去理解性行为的全貌。

从医学文献资料中我们了解到，幼儿性早熟的例子有各种表现，如勃起、手淫以及其他相似的性行为。对于这些情况，人们把它们归结于意外，或者认为是儿童的性堕落，也没有学者认为这是正常的性行为。很多的相关论著中，在提到有关儿童性问题的时候，都是简略地一笔带过，甚至干脆避开不提。

二、对幼儿之性的遗忘

学者们忽略幼儿之性的原因大概有两个，一是受传统思想的束缚，不敢做超前的研究；二是幼儿的性行为所揭示的心理学上的意义还没有显露出来。由此，幼儿之性就被人们全盘遗忘了。

本来，大部分人（并不是全部）都会对自己的童年初期，也就是六岁或八岁之前的那一时段，毫无记忆。而这一现象也被人们视为理所当然，尽管这是一个令人疑惑的问题。而事实上，即便是在童年时期，除非记忆的内容难以理解而记忆空白，一个人同样会对所得印象产生反应，形成记忆。也会像成人一样表达痛苦、快乐及其他出自内心的情感。人们也得以从孩子的言谈表现中判断他的成长状况如何。然而，幼儿长大之后却会遗忘这一切事情，这难道不奇怪吗？除非我们相信，对于人类来说，记忆这一精神活动本来就落后于其他精神活动。然而这又实在令人难以相信。因为，诸多的事实让我们更愿意相信，生命的最初阶段本来就是一个人获取印象、保存记忆能力最强盛的时期。

我们不禁疑问：对于幼儿时期的记忆，人们真的会彻底遗忘吗？在对许多人进行心理分析之后，我们发现，答案是否定的。那些我们原以为遗忘的记忆，其实在我们的精神生活里遗留着很深的痕迹，而且是决定我们后来成长的重要因素。由此，我们推出一个结论，所谓的幼儿时期的遗忘，实际上跟成年人因神经症所导致的遗忘症相似，同属于受潜意识的抑制作用的结果。那么，究竟是何种力量导致了儿童期的潜意识抑制作用呢？如果能解开这个谜，我们就可以对歇斯底里式遗忘症有进一步的了解了。

不管怎样，我们已十分肯定，幼儿时期特有的遗忘症可以让我们从另一个角度研究神经症患者的精神状态，将之与儿童的精神状态加以比较。而前面一篇中我们也提到了这么一个事实：神经症患者的性生活有的一直呈现幼儿状态，有的则是在有所发展之后又退回到幼儿状态。因此我们不禁推测，对幼儿时期的彻底遗忘或许跟那一时期的性行为有关，对幼儿期的全盘遗忘也跟歇斯底里式的遗忘症存在着某种关联。至于它们之间的关联到底是什么，需要我们认真地深入探索，而不是轻易妄做论断。

我们可以这么解释歇斯底里式遗忘症中的潜意识抑制作用：患者脑中尘封着一段意识模糊不清的旧事，经由联想，该旧事与当前所经的某一现实相契合，于是它被覆盖住了，看起来就像被遗忘了一样。要想理解这点，须先注意到这么两个相似的事情是先后出现的。犹如攀登金字塔时，人们必须逐级而上。基于此，我们可以认为，没有幼儿时期的遗忘现象，就不会存在歇底里式遗忘症。

我确信，是幼年时期的遗忘现象造成了人们对童年期的恍如隔世，由于这个原因，导致人们无法理解幼儿时期性欲发展的重要作用。我虽然致力于填补这方面知识的空缺，却无奈个人力量有限，深感力不从心。我早在1896年的时候就提出，在某些与性生活有关的现象中，童年时期占据着重要的意义。从那时起，尽管力不从心，我也没有停止过有关这方面的探索。

第二节 儿童期的性潜伏期及中断

一方面是发生在幼童身上的异常性现象，一方面是神经症患者潜意识中具有的关于其幼儿期的模糊记忆，将这两者联系起来，我们就可以对幼童期的性行为有所了解。但是这并不表示神经症患者的童年性发展就异于常人，实际上，两者并无本质差别，只不过表现出来的程度有所不同。

我们可以肯定，一个人天生就具有性冲动的基因，在幼儿时期它有过一段时间的发展，后来受到压抑，等到个人性成熟乃至个人体质非常强盛时，它又会被释放出来。我们虽然无法理解性发展过程中这种迂回反复的规律，但是有一个现象却极为普遍，即在三四岁的幼儿身上，我们可以很容易观察到有关的性活动现象。

一、性压抑

幼儿期的性被压抑的时期即潜伏期，压抑的程度可能是彻底的，也可能只是半压抑。无论程度如何，由于受到精神力量的抑制，性本能就会像前面我们所说的，向偏道发展。压抑幼儿之性的精神力量有厌恶感、道德感以及审美上的理想化要求等，在文明世界中，这些元素通常被认为是我们在教育儿童中为他们所设的"堤坝"，目的是防止他们变坏。不可否认，教育确实起到了一定作用。但值得注意的是，即便没有教育，性发展还是会经历一个迂回反复的过程，因为这是人的身体机能的一部分。也因此可以说，教育必须顺应身体机能的发展，才能达到教育的理想目的，即使抑制是明确合理且干脆利落的。

二、反作用与升华作用

个人经历幼儿期之后的发展是一个更为巨大的工程，之所以这么说，是因为要想保持作为人的各方面的常态并不容易。这项工程的有效完成，极有可能得益于个人在性潜伏期中一直保持着的幼儿期性欲——当然，它的能量已经或多或少地偏离了性的用途，转化成了其他的能量。大部分研究人类文明发展的历史学家们认为，这种将性目的转化为其他新目的以及其能量转化的过程，就是人类的升华过程，而升华作用正是人们能够建设文化及其他成就的丰富源泉。在此需要补充说明的是，自性潜伏期开始后，升华这一历程对个体发展起到了重大的影响作用。

关于升华作用的机制，我们还可以用这样一个不同的观点来进行解释：因为幼儿还不具备生殖能力，性活动毫无用处，因此导致了性潜伏期的形成。另外，幼儿期性行为多始于敏感区却不会给幼儿带来愉快感，所以天长日久之后，他们反倒对性不感兴趣了，由此也使教育灌输给他们的"堤坝"日益成型，也就是在内心形成了厌恶感、羞耻感之类的精神力量。

三、潜伏期的中断

上述有关性潜伏期以及幼年期的性发展的论说，无论如何都只是模糊的假设，与其再沉溺于探讨它们，我们不如抽身而出，探讨一项更有实际意义的内容，也就是这么一个观点：幼儿期的性发展结局，其实是理想化教育的结果。结果因人而异，在有些人身上，性活动经过升华后又折返回来，很明显地表现出来；在另一些人身上，性活动在潜伏期时隐时现，最终在性成熟后的青春期爆发。对幼儿期性欲同样有所研究的教育学者们表面上可能同意我的这一观点，但他们更坚信的是，性活动会使活动变"坏"，性活动的牺牲是在儿童身上建设道德防御力量必须付出的代价。其实，他们所说的"坏"，不过就是指性活动不会有任何成就或者说意义，所以才把儿童期一切性的表现都说成是坏的。而我的看法与他们相反。我相信，唯有努力去澄清人们恐惧的事情，才能从中找到性活动的真相。

第三节 幼儿性欲的表现

一、吮吸拇指现象

众所周知，幼儿有吮吸拇指的习惯。我们认为，这是幼儿性行为的一种表现。至于为何这么认为，我们将在之后加以讨论。

匈牙利小儿科医师林达奈（Lindner）曾发表过一篇文章，文中精彩地论述了这一习惯。

通常情况下，吮吸拇指的现象见于处于哺乳期的幼儿身上，但也有特例，有的人可能将此习惯延续到成熟期，有的人则终其一生保持该习惯。吮吸动作保持着规律性，其目的在于吸收营养，然而吮吸的部位却是多样的，有时不是手指，而是嘴唇、舌头之类比较容易触及的身体部位，有时甚至是脚趾头这种难以触及的部位。吮吸可以让幼儿获得一种忘我的乐趣，有时使他们浑然入睡，有时又在他们身上引发类似达到性高潮时的反应。与吮吸现象共同发生的，还有一种想抓住东西的现象。我们发现，儿童会有规律地拉扯自己的耳垂或者其他人的身体部位——最常见的也是耳朵。这种动作跟吮吸的目的相同。在吮吸的过程中，幼儿身体上的其他敏感部位如胸部和外生殖器等常常会同时产生摩擦，而许多幼儿也由此从吮吸拇指过渡到了手淫。

从林达奈的论述中我们可知，他对幼儿期的性活动相当清楚，且公然挑明了这些活动的意义。他指出，在育婴室中，人们认为孩子吮吸拇指这一动作跟其他"性"活动的顽皮行为是一样的，因此会给予他们惩罚。但是，很多小儿科和神经科的医师们极力反对这一说法，而他们反对的原因其实是因为他们混淆了"性"和"生殖器"的含义，认为它们是一回事。这就引发了我们无法绕开的一个问题：具有什么特点的行为才算是跟性有关？我们此前已对性活动进行过诸多的精神分析，我相信人们对性活动已有相当透彻的理解，可以回答这个问题。也就是说，吮吸拇指这一动作可以算为性活动。从这个答案出发，我们才可以对幼儿期的性活动进行直接、明确的研究。

二、婴儿的性乐趣

对于幼儿的性活动现象，我相信有必要做一个明确的交代：它们的性活动并非指向行为针对的那个人，而只是为了在自己身上获得满足。这个看法是我们必须坚持的。引用埃利斯的话，我们可以称幼儿的性行为为"自我享乐"

（autoerotio）"。不过，"自我享乐"一词所说的意思与我的意思还是有所不同，它反映的是一种源自于内部而非外部的刺激，而我的精神分析结论认为，重要的不是刺激的来源，而是它与对象的关系。

我们还得知的另外一个事实是，当幼儿吮吸拇指时，会产生一种令他记忆深刻的愉悦感。这并不难理解，因为反复吮吸皮肤黏膜本就是最简单的性满足方式。另一个相似的情景被我们所熟悉，那就是孩子吮吸母亲的奶水或者奶水替代物时的情景，其中产生的快乐是幼童最早获得的一种快乐体验。由此可见，嘴唇其实是孩子的快感区，它获得快感的方式就是经由母乳所具有的温暖形成的刺激。一开始，孩子获得的这种快感跟他们摄取营养后得到的满足感是紧密相关的。饱餐一顿母乳后，幼童会甜蜜入睡，我们从他们红润满足的表情可以联想到成人获得性满足后的那种表情。这两者实在是太相似了！但是，这两种不同的欲望迟早会分离。当牙齿长出来后，幼儿不再以吮吸的形式摄取营养，而改以咀嚼的方式。于是，获取食物的欲望便和获取性满足的欲望分开了。而因为这时幼儿仍不能独立应对外部环境，他便只能以自己为对象，用自己的皮肤来代替熟悉的母亲乳头。之所以首选拇指，是因为这样比较方便，而且可以使拇指头成为另一个次要的快感区。但是，也正因为这个快感区微不足道，所以人们后来舍弃了它而寻找另外的敏感部位，也就是嘴唇。"真可惜，我无法亲吻自己！"这句话很生动地诠释了这段文字。

当然，并非每一个小孩都吮吸拇指。通常，喜欢吮吸拇指的幼童的嘴唇快感区天生更敏感，且他们长大后都热衷接吻，有的甚至还会有错乱性接吻倾向。如果是男人，可能表现为痴迷烟酒。另外，如果潜意识的抑制作用占优势，则会造成这类人厌恶进食，或者有歇斯底里式的呕吐症。这是因为，这两件事情都是通过嘴唇进行的。在我医治过的女患者中，有的症状就是这样，或者是歇斯底里性的喉咙肿胀，或者是喉咙窒息、经常呕吐等。而这些人在幼儿时期都有吮吸拇指的习惯。

幼儿"为愉快而吸吮"的吮吸拇指行为，展示了幼儿期性活动的三个特征：

第一，它与天生具有的觅食本能密不可分；

第二，它还不知道有性对象的存在，这只是一种自我享乐方式；

第三，快感区控制了它的性目的。

由此我们可推知，上述特征也符合幼儿期的其他性行为。

第四节 幼儿期的 "性目的"

一、快感区的特点

吸吮拇指现象对我们分辨快感区有很大的启发，我们可以知道：快感区必须是皮肤或者黏膜的一部分，对它的刺激可以产生明显的愉悦感。但是，现在我们还不知道，它本身具有什么特质，为什么刺激它就会产生快感。我们所知的是，规律性在这一过程中有着重要作用。这不禁让我们想到挠痒的乐趣，并将这两者联系起来，由此想到快感可能是另一种"特殊"的刺激感。只是在这样的特殊中，"性"占据多少成分？我认为，我们提出的假设最好谨慎一点儿。正如心理学者们在探讨"快乐""痛苦"的问题，都持以严谨、摸索的精神。目前我们能够确定的只是在这种刺激中，"性"感受十分特殊。至于为何这么说，我们也只能通过以后的研究逐渐做出解释。

前面论述"吮吸"时我们提到过，有些人的嘴唇是天生的敏感区。其实，人的身体中也有某几个特别的部位是天生的敏感区，对"性"的感受力非常强。事实上，任何有皮肤黏膜的地方都可能产生快感。所以说，快感程度的高低，不在于受到刺激的是哪个快感区，更在于区域所受到刺激的性质。举例来说，喜欢吮吸手指头的小孩，他同样可以通过吮吸身体的其他部位而获得快感。只是，他可能偏爱某些部位，并养成了固定吮吸某一处的习惯。比如，如果他偶然发现了胸部或者乳头、阴部等不同于拇指的部位更容易获得快感，他就会养成吮吸这些部位的习惯。歇斯底里症中，也有类似这种转移作用的现象。患者原本的快感区受到了压抑，刺激的能源转移到其他快感区上，以至于成年后他仍然使用那些不该作为性用途的部位作为性器官。但除此之外，身体的其他部位也可以像吸吮指头的情形，经由性器官兴奋的影响，成为快感区。总之，竭斯底里症发作区域与快感区十分相似，患者身体的其他部位也可以成为快感区[1]。

不过，在此我要强调，在更多的案例分析研究后，我确定，不只是身体的其他部分，就连身体的所有内脏器官都可能成为快感区。关于这一点，请参阅我写的《论自恋》。

二、幼儿的性目的

我们已经知道，幼儿的性冲动以及性目的表现很简单，就是从某个快感区获得适当的兴奋。不过，他们会以规律性的动作来建立并满足这种"重复式"的欲望。我们可以设想，这一事情的发生其实并非出自偶然，而是源于"自然"安排。因为，在幼儿的其他快感区所表现出来的性活动，也有着类似的特征。我们可以从两个方面来解释其中的"自然"因素：一、快感区存在一种特殊的能挑逗人的紧张感；二、心灵深处产生敏感或者痒痒感，并传递给了周围的快感区。在此基础上，我们对幼儿的"性目的"做如下定义：它是借助外部刺激来消除这些来自心灵或者来自快感区的紧张感，并从中获得满足。而通常，幼儿采用的外部刺激方式跟吮吸动作是相似的。

幼儿的性欲望可以通过快感区的变化，在边缘的快感区得以复苏。这一看法并没有超出生理学知识，可以被人理解。然而，令人费解的是，为什么同一个部位获得的同一种刺激，会产生抑制需求和引起需求这两个相反的效果呢？

第五节 **自慰的性表现**

一旦我们理解了唇部快感区的本质，我们就可以由此及彼，推知其他快感区的真相。了解了幼儿快感区以及性活动的真相，意味着我们面临的最重要且

1　经过进一步的思考和观察，我认为身体的所有部分以及所有的内部器官都具有获得性快感的能力。参阅下文中关于自恋的讨论。——原注

最困难的问题得到了解决，之后的讨论就容易得多了。

我认为，每个快感区的区别最关键的部分在于，它们得到满足所需要的刺激不同。对于嘴唇来说，吮吸是最好的刺激，其他地方则根据它本身的特性而需要不同的动作刺激。

一、肛门区的活动

肛门和嘴唇一样，兼有其他功能作用。其实，这一部位本来就有很强的性意义。精神分析表明，肛门受到兴奋刺激时会发生丰富的变化，且它在人的一生中都一直保持着强大的性感受能力。对此，人们可能感到相当惊讶。

我们听到过这样的说法：幼儿如果患上肠炎病的话，会同时引发"神经质"的问题。其实，其原因就在于肠炎刺激肛门。幼儿期的肠炎与孩童日后的神经症状同样有着明确的关系，此外，它还会引起肠胃不适。从肛门快感区所具有的转化意义来看，这些说法都可以被接受了。其实医学界早就对痔疮和神经症的关系非常重视，学者们曾以痔疮的影响来解释心理病症。人们曾嘲笑过他们的解释，但是现在，我们不应该对此报以嘲笑的态度了。

控制自己的大便欲望，直到这种欲望强烈到引发肌肉收缩，以至于不得不排便——这就是幼儿获得肛门快感的方式。堆积的排泄物一下子汹涌到肛门并"呼之欲出"时，会对肛门黏膜造成强烈的刺激，刺激之中夹杂的痛楚同时还是一种淋漓的痛快感。这就是幼儿所获得的肛门快感。如果一个幼儿经常拒绝在保姆面前排便，同时却喜欢享受独自排便的乐趣，这很有可能预示着将来这个孩子的性格是古怪的，甚至可能有神经质的危险。具有该脾性的孩子为了享受肛门肌肉收缩的痛快感而控制大便，极有可能会把床弄脏。这类孩子已经被教育家们注意到，教育家们称他们性格顽劣。

幼儿控制大便时从肛门黏膜中获得刺激感，跟他们童年期过后从性器官获得的刺激感非常相似，因此具有很强的性意味。这一发现也许有助于人们更好地教育婴儿，人们可以将排便视为幼儿的"奉献"行为，愿意排便说明幼儿愿意与他所处的环境妥协，而不愿意则说明他有不妥协倾向，也就是对环境不满。更准确地说，这一看法是基于这么一种假设：幼儿认为排便是一种"生产"活动——吃东西，怀孕，然后从肚子里"生产"出来，这就是孩子的"性"观念。

控制大便以刺激肛门快感区，从而达到自慰的目的。这一见解还可以在一定程度上解释精神衰弱之人为什么时常便秘，同样也可以解释一些神经症患者的特殊排便习惯——这些习惯往往会被他们秘密地隐藏着。在一些年龄较大的儿童身上，我们甚至可以发现他们会因为内心的欲望或者外部的瘙痒刺激而用手指刺激肛门区域。这其实也是一种手淫行为。

由此，我们可以知道肛门的性作用是不可小觑的。

二、生殖区的活动

生殖区作为身体的一个快感区，在幼儿时期是不占重要地位的，然而日后它却成为性活动中最重要的部分。这个区域，在男性身上为阳具，在女性身上为阴蒂，它们都与排尿有关。

以阳具为例，它被包裹起来，很容易受到分泌物的刺激，使儿童在早期的时候就会感受到性兴奋。这种兴奋是真正的性兴奋，因为它来自真正的性器官，它发展成为幼儿日后性生活的正常一部分。

无论是阳具还是阴蒂，在解剖学上都具有极其特殊的地位。能够刺激它们的方式不仅可以是直接的，也可以是间接的，比如淋浴时的擦洗或者其他意外刺激，如区域部门由于不明物体侵扰所引起的异物感。幼儿在吃奶时发现了这一部位会产生愉悦感，他们也因此产生了不断获得这种愉悦感的需求，想方设法去刺激自己的阳具或者阴蒂。这也是为什么人们总不能使他们安定下来，而只好任由他们爬来爬去的原因。爬来爬去，实际上是幼儿的预备性活动，目的是产生摩擦刺激。通常，男孩的方式是通过手的接触，女孩的方式则是通过大腿的闭合。在摩擦之下，他们可以消除快感区产生的刺激感，并从中得到满足。

可以说，正是幼儿时期的这种不断重复且出于自愿的自慰方式，使阳具、阴蒂这两个快感区后来在性活动中占据了主导地位。男性成年后通常以手自慰，而女性的自慰方式千奇百怪，也是源于此。

三、儿童手淫的第二期

幼儿手淫一般不会延续到青春期，一旦延续到青春期的话，人们就会对当事者唾弃不已。此前说过，幼儿期的性欲在青春期之前的发展过程中，会经历一个迂回反复的兴落过程，且每个人的过程有所不同。不过，无论如何，任何人在幼儿时期的手淫行为都会有第二期。在这个第二期中，复苏的性意识会给人留下更深刻的印象，乃至在潜意识中形成记忆。这些记忆将会决定个人在青春期之后的心理发展状况。要想充分了解这第二期的幼儿性活动，我们需要对一些特例进行分析。

我们发现，患有心理病症的人往往会把第二期的性活动忘得一干二净。其实，这种遗忘只不过是将记忆转移之后的伪装。这一看法，我之前就提出过，并且我还认为，正常人对幼儿时期的遗忘，本质上都跟那一时期的性行为有关。这种遗忘是徒劳的，因为精神分析法可以使遗忘的往事重新浮现在意识表层中，以此消除来自于精神方面的压力以及由此而发的强迫性症状。

四、幼儿手淫的再现

童年时期会再现婴儿期的性兴奋，这时候它表现为两种形式，一种是儿童自慰后获得的瘙痒感，另一种和成年人的遗精过程相似，可以在没有施行动作的情况下得到满足。后一种情况更多地发生在女孩身上，其原因不清，不过有这种情况的女孩在幼年时期都有过自慰现象，因此在女孩身上出现的频率也较少。由于儿童的生殖系统没有发育完全，而症状又都表现在紧邻于生殖系统的泌尿系统上面，因此症状的表现不是很明显。不过，在这一时期，幼儿表现出来的所谓膀胱障碍，其实都具有性的意味。比如夜晚遗尿这种现象，除了癫痫症患者的这一现象属于特例之外，其他的遗尿大多具有遗精的性质。

透过精神分析，了解了神经症症状的形成过程后，关于儿童性活动再现的内外原因，我们已经较为明确。在此，暂且不对内在原因进行讨论，而只大概说明外在原因。我认为，其中最重要的外在因素是这么一种情况：大人常常把小孩当作性对象，使得小孩有意无意地学会了从生殖器获取满足的方法。这种情况可能发生于偶然，来自成人或其他小孩的教唆。

外在因素对一个人的影响无疑是重大的，歇斯底里症的成因就与这种情况有着密切的关系，这种说法并不夸大。只是，对于正常人在其童年期也可能经历过类似的情况这一事实，我此前并不知道，以至于在论述歇斯底里症的成因时过于偏重内因的作用。显然，内因当然很重要，儿童性意识的苏醒，随时可能会从内透露出来，也就是说外在的因素即他人的诱导并非一种不可或缺的因素。

五、性变态的多种表现

他人的诱导很有可能将儿童的性活动引向异常，也就是使得儿童发生任何一种性变态行为。然而，事实上，性变态的倾向，是儿童本身就具有的一种适应能力的倾向。这么说的原因在于，防止性变态的"堤坝"即羞耻心、厌恶和道德感的形成是随着年龄的增长而越发巩固的，由于儿童还未形成这些精神能量，因此在受到诱导后他们往性变态发展时的阻力就小得多，由此就更容易具有性变态倾向。儿童的这种幼稚和某些妇女的天真非常相似。我们发现，女人更容易具有性变态的倾向。一个本来有正常性生活的女人如果受到了诱惑，有了从变态性行为中获得快感的经验，那么她很有可能将这种变态行为视为正常。女人的这种倾向在妓女身上得到更明显的呈现，而许多表面上正经、骨子里风骚的女人也如此。这说明了性变态的倾向普遍存在于人的原始性中。

六、部分冲动

除了性变态的原始性之外，我们之所以不提倡将幼儿性异常都归之于诱导的影响，原因还在于这么做无利于我们说明性冲动的原始关系，且会阻碍我们对它的理解。诱导成因会造成这么一种结果：在幼儿的性活动还没有确切的性对象之前，它便提供了使儿童拥有性对象的机会。不过，这也并非是说儿童的性活动都是没有对象的。他们的性行为虽然通常情况仅限于在自己的快感区之内，但从一开始他们就会多多少少地视他人为性对象。比如像偷窥症、暴露症、性虐症之类的患者，他们在儿童期的性活动都在一定程度上脱离了快感区，后来才逐渐返回常态。脱离快感区的性活动虽然难以在性器官上找到痕迹，不过在其他行动上却可以窥见其一二。比如，幼儿有一个特别明显的症状，由于没有羞耻心，他们喜欢裸露自己，尤其是性器官，而另一面是，他们同时喜欢看别人的性器官。男孩对女孩阴部的好奇，正是这种情况。这种好奇心通常发生在年纪稍大的儿童身上，这时他们的羞耻感也已有所发展。在诱导的影响下，偷窥这种性变态现象会成为儿童性生活的重要部分。不过，即便没有诱导因素，偷窥的冲动也有可能自发地形成。通过对比正常人和神经症患者的童年生活，我得出了这一结论。也就是说，儿童一旦被自己的性器官吸引——通常表现为自慰，他们就会一直保持着这种注意力，甚至将注意力转移到其他伙伴身上。为了满足偷窥伙伴性器官的好奇心，偷窥别人大小便的现象便出现了，这就是所谓的偷窥症。偷窥的欲望和倾向虽然后来一度受到压抑，但它们很难抗衡那种想看同性或者异性生殖器的好奇心，这成为了某些神经症形成的重要原因。

儿童性冲动中具有的残酷成分，与其快感区的性活动没有任何关联。儿童还不具有那种克制自己以避免对他人造成伤害的控制力或者说是同情心——它们是在童年期过后才逐渐形成的，这也是我们儿童的个性看上去很残酷的原因。当然，我们未能说这就是儿童偷窥倾向或其他性变态现象的本质。毕竟，我们还没有进行过周密的分析。不过，我们可以假设，儿童的这种残酷倾向源自于本能的征服欲，比性器官更早地出现于性生活当中，且这种本能在一定时期内控制了儿童的性生活。这一时期，我们称之"性器官前期"。那些会残忍地对待动物和伙伴的孩子，很有可能在"性器官前期"经受过强烈的快感区的性享受。

总而言之，在所有儿童性冲动中，最基本的活动形式源自于快感区。如果没有同情心的阻止，儿童可能在强烈的性冲动和"残酷倾向"之间挣扎，这种挣扎影响可能会持续到成年，给本人的性活动带来危险。

自卢梭的《忏悔录》发表以来，教育家们确认了一个事实：家长在儿童臀部施行的惩罚，是被虐待症（被虐性残酷行为）的色情成因之一，这种惩罚方式必须禁止，否则有可能会使得儿童的原欲发展走向歧途。

第六节 幼儿性欲的研究

一、好奇心

儿童的"性趣"始于三岁到五岁这段时期，这也是他们产生探索欲和求知欲的时候。探索和求知欲并非原始本能，但也不是全部源于性活动。它们某种程度上是侵略欲的升华，同时也可能由偷窥的冲动而起。无论本源是哪一种，它们终究与性生活有着重要的关系。因为精神分析中已经证实，性问题是引起儿童好奇的重要原因。儿童的好奇出现早，表现强烈，甚至很有可能完全是因性问题而发。

二、狮身人面兽之谜

儿童对性问题的探索并非源于理论上的热情，而是因实际生活而发。他们会因为父母有了或者即将有另一个孩子而感到威胁，担心自己失去父母的关爱，于是表现得乖巧，且变得热爱思考。随着这种觉醒而产生的第一个有关性的问题是："我"从哪里来？底比斯的狮身人面兽所暗示的也是这么一个问题，虽然经过了人们的歪曲误解，但仍能够还原。总之，对于两性存在的事实，儿童通常不加思索地就接受了。男孩设想每一个人都和他一样，拥有相同的性器官，他们很难想象其他人不是这样的。

三、阉割情结（Castration complex）和阳具羡慕（Penis envy）

面对真正的事实，男孩女孩都会受到极大的震撼。男孩会极力抗议事实与他想象的不一致，他的内心发生了巨大的冲突，这种情绪可以称为阉割情结，但男孩最后还是不得不承认事实。女孩在得到事实后虽然也产生过阉割情结，但她们最终会形成一种心理替代现象，来弥补缺少阳具的失衡。这种"替代"心理和性变态的形成有着重要关系。[1] 总之，男孩女孩都曾同样认为任何人都天生有阳具，阉割才导致没有。而当男性得知女性天生没有后，他们不由地对女性产生鄙夷，且这鄙夷是永久性的。

儿童认为每个人都拥有相同的性器官这一幼稚假设，其实跟生物学上提出的观点一致。生物学指出，女性的阴蒂和阳具类似。当然，儿童并不知道这点。与男孩的反应不同，小女孩看到小男孩的性器官不同于自己的之后，很快就接受了这一事实。接着，她们便会羡慕起男孩来，羡慕之情与日俱增，表现为她们希望自己是男孩子。

四、诞生理论

每个人都有这样的记忆，自己在儿童期对"小孩子从哪里来"也有过好奇。这个问题的答案因人而异，有人说小孩从胸内蹦出来，有的说来源于腋窝，有的认为从肚脐眼中挤出来的。如若不经过分析，我们几乎忘了小时候我们的这些探索。另外一个幼稚的想法是，我们认为一个人怀孕是因为如童话中所说的一样，吃了某种奇特的药，致使小孩子被像大便一样拉出来。幼儿期的种种幼稚想法让我们想到其他动物特别是低于哺乳类的动物，它们还保留着泄殖腔。

五、性行为的虐待意味

很多成人都觉得纯洁天真的小孩子不会想到性方面的事情，所以毫无顾忌地在孩子们暴露性行为，这就使得孩子对性行为产生了几乎不可磨灭的印象。他们最普遍的想法是，这是一种带有侮辱性和侵略性的虐待行为。精神分析的实践证明，这种性印象促使孩子在以后的性活动中倾向于虐待性对象。

---

1 我们有理由说女性也有阉割情结。男童和女童都形成了一种性理论，认为女性本来跟男人一样也是有阳具的，但是她们通过阉割失去了它。最终男童认识到女性本身就没有阳具，这常常使他们对异性有一种持久性的鄙视。——原注

孩子们不断猜想着性的真相，也等于在猜想婚姻的真相。不过，他们最后还是认为，这应该是跟大小便有最密切关系的。

六、幼儿探讨注定失败

幼儿对性的各种看法其实出自于他们天生对性的认知，这种认知十分幼稚，因此难免让人觉得可笑。但无论如何，他们对性的认识程度，已经远远超乎了其父母亲的预料。他们可以看出自己的母亲怀了孕，也知道如何去解释这一现象。对于"鹳鸟送子"的故事，他们已经产生了深深的怀疑。不过，无论如何，他们还不知道两件事，一是精液的功能，二是女性的生殖器。这两样在儿童的身上都没有明显的迹象。对这两件事缺乏认知，注定了儿童的各种猜想都是徒劳的，他们最终不知道性的真相。这一探索的失败会给他们的求知欲带来巨大的打击，使得他们以后对性的探索以单枪匹马的形式展开。而这，也是他们出生以后走向独立的第一步。在这一步之前，他信任周围的环境，而在这后，他对周遭的一切竖起了围墙，难免会有一种强烈的孤独感。

第七节 性组织的发展阶段

针对幼儿期性生活体现出的特点，我们强调了以下两个重要的事实：

一、从本质上说，幼儿性生活是一种"自我享乐"方式，它总是以自身为对象；

二、它每一个"局部冲动"通常独立存在，互不干扰，但目的都是索取快感。不过，这种寻求快乐的性活动，最终会发展为以繁殖为目的，即成为所谓的正常性生活。此时，所有的"局部冲动"都受一个最重要的快感区控制，它们形成了一个强大的性组织系统，一起向外寻求性对象。

一、性器官前期组织

精神分析法在研究性发展进程中受到的各种困难让我们发现，"局部冲动"

是整个构成性组织系统的原始部分，但它们最终被视为是没有必要的。它们遭淘汰的过程一般来说是顺利的，最后会留下一丝不显眼的痕迹。而在性变态的例子中，我们却能发现它们很明显地存在着，且表现得相当活跃。

我们把生殖区尚未成为主要性器官时的性组织系统，称为性器官前期。性器官前期的表现形式主要有两种，这两种在远古时代动物的活动中都有所体现。

第一种表现为嘴巴上的欲望，即吞食同类。在这一时期，性活动跟摄取营养相关，在同类中也还没有两性之分，性活动的目的就是吞食同类对象，使之合并到自己体内。这个表现形式的原型(prototype)就是同化作用(idntification)，在以后的性发展过程中，这一作用仍有着重要的影响。吮吸拇指的现象，就是这一作用遗留的痕迹。这时，性活动与摄取食物已经分离，但性对象不是外在对象，而是自我。亚伯拉罕（Abraham）的相关论文，曾对这一时期做过探讨，分析了它对神经症形成的影响。在他的其中一篇文论中，他还就嘴巴上欲望和"虐待—肛门期"详细论述，将它们各自分为两期。他的见解与我们在此提出的有所不同。

第二种性器官前期表现为肛门上的性欲和攻击。在这一时期，两性差异开始显现，但未表现出明显的男女之分，而是表现为"主动者"和"被动者"的分别。这时的性活动受制于"支配冲动"，由全身的肌肉运动来完成。其中，最有代表性的性目的就是肛门粘膜的快感寻求。不过，两性的性目的也不尽相同。另外，有的还存在一些自慰形式的"局部冲动"。不管怎样，在这一时期，两性的分化以及外在性对象的存在已经开始形成。不过，性欲仍不具备繁殖的目的。[1]

二、矛盾心理 (ambivalence)

存在于当今的虐待现象，以及肛门区的泄殖腔的作用，已经证明了以上所

---

1 在我引用过的亚伯拉罕的著作（1924 年）中，作者指出，肛门是从胚孔发育而来的——这个事实似乎是心理－性欲发育的生物学原型。——原注

述的性组织系统的远古性色彩。这一系统可能存在于一个人的一生，支配着他大部分的性生活。这个系统具有的另一个特征是，它会导致一对相反的本能冲动的出现，如爱恨交织的现象。布留拉 (Bleuler) 称这种对立的本能冲动为"矛盾心理"，用词相当恰当。

性器官前期的存在假设，并非由人任意编造而得出的，而是在对神经症进行分析后得出的结论。我们可以预测到，随着精神分析的进一步发展，我们将对正常性功能的结构和发展变化有着更透彻的了解。

在此，我们还要对儿童性生活做一个补充：儿童期的性同样存在着性对象的选择问题，这种选择和青春期的情形相似。也就是说，儿童也会选择一个永久的性对象，并将自己在性方面的期望寄托于这个对象上。这种对青春期性生活的模仿有别于事实的地方在于，儿童时期各种"局部冲动"服务于性器官的情形还未出现，这一时期的性活动未能达到性发展过程的最后一步，即以繁殖为主要目的性活动形式。

值得一提的是，1923 年之后，我的看法跟上述所说的又有些许不同。我认为，在前面提到的两个性器官前期之后，还有一个"性器官期"。在这第三个时期，一个人仍然保持有性对象，且他的性行为具有某种程度上的集中。它与性成熟时的性组织体系的根本不同在于，它只认男性性器官。因此，我又称这一时期的性组织体系为"男性生殖期体系"。根据亚伯拉罕的观点，这一时期与生物学上胚胎期的某个阶段相似，在那个阶段，性器官上还没有分化出来，两性还没有分别。

三、性对象选择的两个时期

在性活动的发展过程中，性对象的选择经过两次突变，一次大约在三岁到五岁期间，性对象自此开始逐渐消失，或者在潜伏期到来时突然没了踪影，这一时期的性目的纯属于儿童式的娱乐；另一次突变在青春期，表现为性生活的明确。

性潜伏期的存在，是导致性对象选择分两次出现的原因。这两个时期对性对象的选择，会产生巨大的影响，尤其是对性变态的病态结局的影响。一般说来，儿童期选择的性对象一直保留着，在潜伏期过后，又重现于青春期。不过，由于两个时期的性活动都受到逐渐形成的压抑作用的阻挠，性对象即便在青春期也不可有很大的用途。性目的被削弱，变成青少年悸动的情感。如非经过精神分析，我们很难发现，在他们的情感如荣耀感、敬重之情中，隐匿着已经成为历史的儿童期的原欲冲动。压倒这种冲动针对的性对象，才形成了青春期的性活动的情感对象。但是，由于原欲冲动的性对象和情感对象完全不同，以至于青春期的性活动无法完美，也就是不能使所有的欲望和一个单一的性对象完美地融合到一起。

第八节 儿童性欲的起源

在对性本能进行各方面探索后，我们已经发现了以下几个有关于儿童性兴奋的事实：

第一，它是一种模仿，模仿的是身体其他器官所获得的满足经验；

第二，它最初来源于对不占主要地位的快感区的刺激；

第三，它是本能冲动如窥视冲动、残虐冲动的表现，这些冲动的起源我们还没有弄清楚。

性兴奋是一种用之不尽的能量，要想了解这种能量，我们一方面要利用精神分析法，通过对童年的回忆进行研究来探索，另一方面我们对儿童做实践性的观察。这两种方式都有弊端。利用后一种，我们极有可能会分析错误；利用前一种，我们可能为了证明某个结论而需要反复论证，绕很大的圈子。基于此，我们应该避开两个方法的不足之处，而结合使用这两种方法。

对快感区的研究已经使我们认识到，皮肤中最敏感的部位就是所谓的快感区，同时，身体的每一个部位都或多或少地具有敏感性。因此，当我们发现某种普通的刺激也会引起性兴奋时，不必大惊小怪。不过，值得强调的是，温度的刺激有所不同，它可能会帮助我们了解温水浴的医疗作用。

一、机械性兴奋

除了上述提到的性兴奋真相，有一种情形也值得我们注意，就是身体做某项重复运动时同样会引起性兴奋。这是因为重复运动会从三个方面刺激性兴奋，分别是平衡神经即前庭神经的感觉器官、皮肤以及深层部分，如肌肉与关节组织。在这三个部位引起的刺激都会带来愉悦。不过，在此首先明确一点，就是我现在所使用的"性兴奋""性满足"之类的词语，还没有进行确切的解释。我们通过现象所确认的是，重复性的动作，如让人抛向空中、让人来回摇晃等，为儿童所钟爱，他们对这样的游戏乐此不疲。可见，这种反复的运动会给人们带来非同凡响的感受。有的人甚至可以回忆起这种感受：空气流经性器官时引起的短暂愉悦。

更多的事实证明了前面所述的结论，如摇篮对哭闹婴儿的作用，儿童对马车、火车晃动规律的着迷，以至于每个男孩在年少时都曾有过当车夫或驾驶员的理想。

男孩在儿童期对火车的种种幻想很强烈，以至于他们将这种幻想同性联系起来。这听起来似乎很难让人理解，然而却是可以解释的：火车开动时的那种节奏感同样能使他们产生愉悦感，因此具有性的象征意义。后来，受压抑作用的影响，他们的这种爱好转变为厌恶，表现为他们在进入青春期乃至成年以后，在身处摇晃的境况下会感到恶心、疲劳，有的甚至十分反感坐车，患了"火车恐惧症"，一上车就产生莫名的焦躁。总之，他们无论如何不愿意再次体验晃动。

这种恐惧，让我们联想到一个有待确定的事实：歇斯底里式的神经症发作时，也常常伴有这种恐惧。对于这两者之间的关系，我们可以这样假设：过度的性兴奋能量沉积在患者身上，以致他们承受不了来自外界的一丝刺激。如果非要刺激他们的话，他们的性机能或者说反应程序就会失去常态，变得混乱。

二、肌肉的活动

众所周知，儿童可以从剧烈的肌肉活动中得到满足。只是，这种满足跟性是否有关？它们是性兴奋的一种，还是会引起性兴奋？对于这样的问题，有人做出了批评性的回答，也有人认为，被动性质的充分运动确实会引起性意味的快感。事实到底如何呢？

不少人承认，他们性器官产生初次兴奋的情景是他们与伙伴正在打架或者玩耍，如进行摔跤比赛时。在这些人所描述的场景中，性兴奋的成因除了包括肌肉的强烈运动，还包括双方之间皮肤的接触和摩擦。我们还发现，一个热衷较量体力的儿童，与一个喜欢同某个异性斗嘴的成人相似，他们的行为本质正如同俗话所说的那样："最喜欢嘲弄你的人，也许最喜欢你。"肌肉运动引发的性兴奋，我们可以视为虐待冲动的根源之一。儿童从打架时获得的性兴奋，可能使他们在日后产生性冲动时，也习惯采用如同打架的方式来解决。而相关的心理疾病案例也表明，运动产生的愉悦确实跟性有关。现代教育者们提倡年轻人积极参与竞赛式的运动，原因正在于转移后者的性冲动。运动使他们的性活动返回到了自我享乐的形式，运动的乐趣代替了性的乐趣。

三、情感过程

前面关于儿童性兴奋来源的说法，基本被大众所认可了。在此基础上，结合实践观察和精神分析研究，我们可以推出这么一个肯定无疑的论点：所有强烈的情感，包括恐惧之类，都与性活动有关。这一发现有助于我们对一些病态情感更加了解。

学生恐惧考试，或者遇到作业困难时容易紧张之类，常常伴随着生活上的异常表现，如与同学关系不好。此外，他们在性方面也出现异常，如有的人习惯抚摸自己的性器官，有的男孩甚至会发生遗精，让自己陷入尴尬的境况。这些学生的行为往往令他们的老师费解，也无从解决。老师们要想了解学生以及他们的种种异常行为，应该从儿童最早萌发的性欲着手。

很多情感因素如恐惧、忧虑等，都具有性兴奋的成分，很多人愿意承受这些情感，原因正在于此。当然，人们获得这些情感体验的环境必须建立在某种条件之下，其中最主要的条件就是要保持一种安全"距离"，如通过阅读或者观影的形式进行体验。可以想象，这种对痛苦经历的寻求，其实是一种以获得痛楚感为性目的的寻求，也就是虐待与被虐待的冲动根源之一。当然，因为人们有安全"距离"的要求，所以当事者很难通过这些方式获得确切的痛楚感。只能说，大多数人即正常人，会在生活中得到轻度痛楚的满足感，又或者他们会借助小说、电影等幻想途径来实现这一需求。[1]

四、智力活动

引起性兴奋的还有一种情况：脑力运动。当人们思考问题、专注于智力活动时，同样会产生性兴奋。这种情况普遍存在，在年轻人身上表现得最为明显。人们常说"过度用脑"会导致神经紧张，用这个理论就解释得通了。

结束本篇之前，回顾我们所讲述的关于幼儿性欲成因的种种见解，以及所引用的资料，我们可以发现，即便不能明确性兴奋的性质，我们也可以得知引起性兴奋的一个共同规则：动作是前提。

唯有通过动作，才能刺激皮肤或者某些器官的性敏感，引起兴奋，而往往最容易获得性兴奋的地带就是快感区。性兴奋的来源，可以说就是刺激的"性质"，当然也包括刺激的强度，比如进行痛楚刺激时的痛楚程度。此外，能够产生性兴奋的部位可以是全身器官，当某部位的器官承受的生理刺激超过一定限度时，同样会引起性兴奋。我们所谓的"局部冲动"，既可能是源于这种内部的生理刺激，也可能是指内部刺激的过程和快感区的反应结合后的效果。总之，人体内的任何一部分，都可能在性活动中充当着角色。我们之所以说是"可能"而并非确定，一方面是因为我们的研究是新颖的，另一方面，我们对性兴奋的本质还不是全部了解。

虽然还有着诸多的不确定，但以下两个方面我认为仍有探讨的价值，它们对我们未来的研究也许有利。

---

1 我在这里所指的是所谓"性感的"受虐狂。——原注

五、性构造的多样性

经过对快感区进行反复讨论后，我们已经得知：性构造本来就是多种多样的，性兴奋的间接来源也说明了这一点。可以猜想，同一个人身上，性构造所包含的每一个因素都是有价值意义的，但是，并非同样因素在所有人身上都会起到相同的效果。个人性构造的不同，使得个体发展过程的性活动也产生了不同的倾向。在经过实践分析后，我们可以确定：口腔快感、肛门快感和尿道快感之类的性兴奋是每个人都具有的，如果对于这些快感反应有着某种特殊要求，并不能说他就是性变态或者有心理病。区分性正常与性变态所依据的，是个人的性本能各成分在发展过程中参与的程度强弱。

六、逆向的影响

放弃使用"性兴奋的来源"来解释性兴奋的话，我们可以认为性兴奋是这么一回事：身体中所有能够指向性生活的功能或者渠道，都可能存在着相反作用。比如说，如果口唇区域的摄食功能和性满足功能都还正常的话，那么摄取食物的过程就可以同时带来性满足，而如果该区域的性功能出现了问题，那么它摄取食物的功能也会受到影响。又如，集中注意力会引发性兴奋，而性兴奋的强度又可以反过来决定一个人的注意力是否集中。此外，心理疾病虽然表现为一些与性无关的身体机能的紊乱，但从紊乱的情况溯源而上，我们会发现患者在性过程方面同样错乱。由此我们可知，一些看上令人费解的神经症状，其实源于产生性兴奋的功能走向了反方向。了解了这点，神经症的神秘面纱便被摘掉了。

性方面的障碍虽然会影响到身体的其他功能，但是这种影响在正常人身上却另有作用：在这种影响之下，一个人可能对性保持一定的距离，将性本能的能量转移到其他事情上，从而实现性欲的升华。当然，关于这种影响，我们目前了解得还不全面。当前能确认的是，在性功能实现所依赖的渠道上，渠道的作用确实可以向两个方向发展。

第三章·青春期的改变

进入青春期后，一个人的性生活状态会发生明显的变化，变化的最终结果会成为个人往后性生活的常态。在青春期之前，个体的性活动通常表现为"自我享乐"。从青春期开始，个人开始寻找外部性对象。此前，性目的的实现依靠的是某个"局部冲动"的贡献，身体的各个快感区各得其乐。如今，性活动由各个局部冲动结合而成，以繁殖为最终目的。围绕着这一新目的，生殖区开始统治各个快感区。[1]

成年后的男女所具有的新的性目虽然相同，但由于他们的性功能有着天壤之别，所以性的发展会呈现出不同的结果。对于男性，性发展的前后出入不大，容易理解。但女性在青春期之后的性发展则不同，有时会表现出退化的样子。无论如何，对于成年人来说，正常的性生活必须包含两个因素，一是性对象，二是性目的。基于这一情况，探讨青春期后的性活动也应从这两个方面着手，好比挖通一座山必须由两头动工一样。

以男性来说，新的性目的表现为性产物，即精液的释放，这一过程同样能够获得快感，与他们以前的性目的并不违背。而且，过程的最后时刻就是男性获得最大快感的时候，此时男性射精与否恰恰关系到繁殖后代的问题。所以说，成年男性的性冲动已经受制于繁殖功能，他们的性行为已经变成一种"利他"(altruistic) 行为。整个过程中，他们的性行为符合性本能的倾向，跟原来的"局部冲动"的性质几乎一致。

由儿童期进入青春期的性活动的改变，同其他事情的改变原理一样：如果新事物需要的新关系、新构造以及新机制未能及时地建立并完善，那么转变过程就会发生错乱。也就是说，所有的性变态行为，都可能是性在发展过程中由

1　我在论文中描述的这幅简图在强调区别。我在前文中已经表明，由于对象的选择和性蕾期的发展，幼儿期性欲在一定程度上已经接近最终的性组织。——原注

于某种原因受到了压抑，变得紊乱。

第 生殖区的首要性及
一 前期快感
节

通过上述讨论，我们清楚知道了性发展过程的主线以及最终目的。只是，有关它的转变环节以及转变时所引起的某些问题，我们还需要进一步分析研究。

青春期在个人身上体现出的最显著变化，是生殖器的发育改变。众所周知，整个童年期间，生殖器的性本能都处于潜伏状态，受到长时间的抑制。伴随着这种抑制作用，它们还是会逐渐成熟起来，其成熟的表现是，内生殖器可以自主控制外生殖器释放性产物，如精液之类，这是创造新生命的必经一步。可以说，在经过一段时间的闲置后，男女身上复杂的性器官终于有了展露拳脚的机会。

对生殖器的刺激可以引起强烈的性兴奋，观察表明，这种刺激大致有三个源头：

第一，源于外部的刺激，这种刺激通过快感区传达到生殖器那里；

第二，源于内部的刺激，这种刺激的真相须进一步研究；

第三，源于精神世界的刺激，所谓精神世界，即一个人在经外部印象和内在机制刺激之后，产生了相关印象。

无论是哪一种刺激，都会产生同样的被称为"性兴奋"的奇特状态。这种状态之下，精神和肉体同时发生明显的变化。精神上的变化表现为产生不同于常态的极度紧张，肉体上则表现为性器官的显著改变。对于"性兴奋"，我们可以定义它为一种准备进入性交的状态，也就是性行为的预备动作。该状态的外部特征是阳具的勃起和阴道分泌腺液。

一、性紧张

随着性兴奋而出现的紧张感是怎么一回事，这是解释性的发展过程所不能绕开的一个重要问题。心理学界对这一问题，有着各种不同的看法。我认为，这种紧张感不会让人觉得快乐，它的目的是想改变人当时的兴奋状态，使人在冲突中表现得焦躁不安。从这个层面来说，它也不是一种快感。但是，如果我们坚持认为这种紧张不是令人愉悦的话，我们又如何去解释这么一个相反的事实：伴随着它出现的，是一种愉快的兴奋。即便性器官只是处于预备阶段，如正在勃起中，一个人在感受紧张的同时也已获得了充分的满足感。所以说，这种让人不舒服的紧张感，和令人舒服的愉悦感之间，到底有什么关系？关于这个问题的真相，心理学上也难以找到确切的答案。因此，我们的分析最好也保守一点儿，仅就事论事。

回顾性发展过程中的各种变化，我们发现快感区在新的性目的产生之后同样有着重要的作用。在实现性目的的过程中，当性兴奋还未产生时，快感区已经开始运作了。以距离性对象最远的眼睛为例，它经常用于追逐性对象，并从性对象身上所散发出的某种独特气息来对其进行判断。比如，它会以"美"来评价这种特性，而我们则统称所有存在性对象身上的特性为"吸引力"。吸引力会引起性兴奋，带动快感，唤醒人原本处于沉睡状态的性意识。它同其他快感刺激，如抚摸等一样，一方面会造成性行为预备阶段的各种变化，给人带来快感，一方面会使一个人产生紧张。当快感没有奔涌出来时，紧张便会取而代之。

举一个更明显的例子。假设某个快感区如女人的乳房，在未达到性兴奋状态时被人抚摸的话，快感便会涌现，个人的性兴奋也开始苏醒。这时，她会要求更多的快感。一种快感体验为什么会要求更多快感，这相当令人费解。

二、前期快感的形成机制

从前面所述我们可以看出，快感区起着非常重要的作用。对它们的刺激引起了一定程度的快感和紧张感，而紧张感又会催产出更多的能量，释放快感，促使性目的得以实现。这一系列过程中的最后一步，是某个快感区获得最强烈的快感。以男性来说，最后一步表现为，阳具特别是龟头部分受到阴道的黏膜刺激，并在反射作用下释放能量，将精液射出体外。他最后获得的快感是整个过程中最强烈的，以至于使他如坠云雾，欲仙欲死。这种快感与此前各种快感的产生有所不同，它是一种排泄后的满足感，消除了原欲的紧张。

对男性的两种不同快感，即快感区的愉悦和射出精液后的满足，我分别给它们命名为前期快感 (fore-pleasure) 和终极快感 (end-pleasure)。我认为，前一种和儿童期性冲动所产生的快感相似，只不过波及范围较小。而终极快感是随着青春期而出现的，它的出现跟快感区的新功能有关，而这一新功能又跟儿童期的性活动实践是紧密相关的。可以说，正是儿童期所具有的前期快感体验为这一新功能做好了铺垫，促成了最大的快感形成。最近，我在研究中发现，类似的情况也发生在心理活动这一领域中，即少量的快感会诱导出更多的快感。这一发现有助于我们更清晰地探讨快感的本质。

前期快感的形成也可能带来危险。这是因为，作为儿童性生活的一部分，它所导致的性变态同样会威胁到正常的性目的。无论是哪个时期的性生活，如果前期快感的持续时间过长，使得快感多而紧张感少的话，那么性就出现了问题。而实例证明，发生这种情况的原因正是因为，儿童期的快感体验，即"局部冲动"体验，已经有了异常强烈的快感体验。如果有另外的因素使这种快感体验得以定型的话，那么强迫症就有可能出现，强迫行为的目的是阻止前期快感进入终极快感状态。许多性变态者的发病因由正在于此，他们的表现也类似，在性活动中停留在某个动作上。

如果生殖区的首要作用在儿童期便被发现的话，上述情况就可以避免。童年期的后期阶段，即从八岁左右到青春期这一阶段，是生殖区功能显露的最佳时段。在这一时段，生殖器渐趋成熟，类似于成人。这时，快感区发生反应后，生殖区同样会有兴奋感，发生准备性的变化。由于它的性目的仍然还没有形成，于是性过程便会中断。但是，无论如何，正常情况下，这一阶段的快感已经伴随着一定程度的性紧张，只是这种紧张不会持久。

现在，我们有充分的理由相信，性过程就是一个同时有性满足和性兴奋的过程。人们早已知道，此前讨论性的真相时，幼年和成年的性生活绝对分开讨论的方法，是有欠妥当的。在此，我们应该加以纠正，明确一点：幼儿性欲不仅出现在性变态的人身上，在正常人身上同样曾经有过幼儿性欲。也就是说，性变态或正常，都取决于幼儿性生活。

第二节 性兴奋

德文对性兴奋的场景用了"Lust"一词来描述，这个词的含义有两个，一指性的紧张感，二指性的满足感，描述得相当恰当。但是，伴随着快感出现的紧张感是如何来的，它又是什么东西？这个问题仍是未知数，而我们也还未进行探究。

有人提出，性的紧张感就是来自快感的一种感觉。这种见解难以让人信服，它首先就不能解释这一种情况：最强烈的快感产生时并不会伴随紧张感，反之还消解了所有紧张。可见，性快感和性的紧张感并不存在直接的关系，它们只有间接联系。

一、性物质的功能

一般说来，要想消除性兴奋，必须释放出性物质。除此之外，性紧张和性物质之间，必定还存在着其他关系。禁欲者的性活动虽是在梦境中发生，但同样会释放出性物质，并得到快感。他们释放性物质的间隔虽不固定，却也是可以预料的。有人这么解释梦遗的原理：堆积在体内，得不到释放的精液，是造成幻觉中的性紧张的原因，也因此它们得以排泄出来。这听起来似乎不无道理。与这个解释相符合的另一事实是，精液的枯竭可以消除性欲。如果体内没有精液，性动作难以发生，快感区也不会有任何反应。即便是有恰当的刺激，整个身体也不会产生任何快感。

由此我们可知，适当的性紧张，或者是性物质的堆积，对快感区的功能起效是不可缺少的。也就是说，性物质的积蓄是性紧张产生的根源。这个结论，正好符合了大多数人的假设。可以这么解释：性物质的堆积形成的压力，作用于储存它的器官上面，形成刺激，刺激传达到脊椎中枢，进而到达最高级的神经中枢，最终形成了我们意识上的紧张感。以这个解释出发，如果说快感区的兴奋能够增强性紧张感的话，那表明快感区与中枢神经是相连着的，而连接它们的方式就是生理上的构造。快感区的兴奋一方面增加了快感，一方面产生了性紧张，紧张程度一半时，首先会刺激性物质的增加，当性紧张到达一定程度后便会引发性动作。

上述理论，被大多数人所接受，就连克拉夫特·埃宾也对此深信不疑。但是，它却有一个弱点，即它仅适用于描述成年男性的性行为，却不适用于描述儿童、妇女和被阉割后的男人这三类人。他们不存在性物质，他们的性行为也无法通过性物质的功能原理来解释。不过，这三类人的快感区仍是受生殖区控制的。

二、内生殖器的过分强调

对阉割后的男性的观察表明，性的兴奋与性物质并无实质上的关联。男性被阉割后，他们的原欲仍完好地保留着，同样有性交的欲望。里格尔曾发表过下述观点：如果除掉某个成年男性的性腺，这个人的性欲也不会受到任何影响。也就是说，性腺和性欲是没有关系的。理解了这点，被阉割后的男人同样有性欲的事实就能被我们所接受了。另外和这一事实相一致的是，摘除女人的卵巢同样不会影响到性欲。这两个事实证明的是同一个道理：性腺与性欲的存在与否无关。但是，如果阉割是在青春期之前施行的话，由于当时的性心理还比较薄弱，有可能会影响到个人的性特征。如果发生性心理消失的情况，一般情况下还有其他的因素产生了影响。

三、化学理论

相关的在动物身上进行的性腺割除实验以及移植实验，可以帮助我们更进一步地了解性兴奋的起源。这些实验，无一例外表明了性物质具有重要作用。有的专家如 E·斯坦纳（Steinach）曾做过改变动物雌雄的实验，使它们的"心—性"行为（Psy-chosexuol）同时随着肉体特征的改变而改变。实验结果表明，性腺中对性特征有决定作用的因素，并不是存在于产生精子或者卵子的部位，而是被称为"青春腺"的间隙细胞分泌出来的物质。未来或许我们可以证实，来自于青春腺的分泌物也是双性的。如果实现这点的话，从解剖学上也支持了高等动物的双性理论。

当然，也许青春腺并非唯一一种能够决定性兴奋及性特征的器官。不管怎样，我们目前所发现的，跟我们所知的一个科学现实相符相近：甲状腺对性同样起到作用。由此，我们可以猜测，性腺的间隙部位会生产出一种特殊的化学物质，该物质流入血液，到达中枢神经系统时对它的某一部位形成刺激，并使之发生某种变化，产生性的紧张感。对于这种类似"毒素"刺激的情形，我们可以想象人体中毒时的情景。不过，具体的过程是怎样的，我们很难用理论来研究。但是这也不代表我们的假设是离谱的。我们所坚持的假设主要内容是这么一个理论：性过程是受化学作用影响的。以这一点为依据，我们可以对性现象做更合理的说明。比如，有一个被极少人注意的事实，如果以这个理论来理解的话，就很容易想得通。这个事实是：因性生活受到影响而患心理病的患者，他们的症状表现，跟那些有毒瘾或者其他瘾的人突然戒瘾时所发生的情形非常相像。

第三节 原欲理论

在探究性的真相过程中，我们先是提出了"原欲"（libido）这一辅助性概念，接着又提出了性兴奋是受化学作用的影响这一理论。这两项理论的提出是前后一致的。

回到"原欲"这一概念上来，我们首先要清楚，它的性质是一种本能力量，这种力量来自于潜意识，作用是测定性兴奋的不同过程以及这些过程的各种变态表现。以我之见，并非每个人的原欲都是一样的，也并非一个人的原欲就是固定不变的，它会随着其源头以及个体心理过程的变化而改变。此外，原欲但凡有所不同，那必定不仅是量上的不同，质上也会有所差异。

解释原欲为何物，我们需要将其从心理能量的类别中抽离出来。这么做是为了更好地说明我们做出的这样一种假设：有机体的性活动获取营养的过程，必须经过某种化学因素的作用，使全身各器官都尽可能地产生性兴奋。在这个假设的基础上提出的原欲量子概念，就可以有别于我们对它在心理上的命名："自我原欲"（ego-libido）。自我原欲是如何出现、增减、分流和转移的，对这些问题的研究，有助于我们加深理解"心—性"现象。

但是，我们应当注意，仅有当"心理能量"对性对象的关注过分热切，化为"对象原欲"(Objuct-libido) 时，自我原欲的真相才可以经由精神分析后得出。而我们更常见的是，它聚焦或固定于性对象上——有时候会转移对象，仅仅于满足这种状态，但也释放了原欲的能量，使之暂时消失或者部分分解了。想要理解这一点，我们可以借助有关"转移型神经症"的精神分析。

对"对象原欲"的研究则表明，当它从对象撤回，个人就会变得紧张，于是会以自己为对象，变回了最初的自我原欲。为了以示区分，我们可以称它为"自恋原欲"（narcissis-ticlibido）。从精神层面分析，要想弄清"自恋原欲"的终极问题是不可能的，现在无人能做到。在它与"对象原欲"之间似乎有一条无法跨越的鸿沟，我们只能站在鸿沟的一边，探索两者之间的关系。我的看法是，自恋原欲等同于一个仓库，性能量从这里投放出去，最终也回归这里。在孩童时代，个人以自我原欲出发，以自己为投资对象，之后随着原欲的扩散，这一现象逐渐隐匿于幕后。

我们构想的这一套原欲理论，是因为利用"原欲"的概念，更准确地说是自我原欲的天然作用，可以更清晰地描述我们探讨中的种种现象和推理过程。且事实上，一些令人疑惑的心理病症，以原欲理论来解释的话也更容易让人们明白。虽说原欲理论的作用极大，但我们还须解决一个问题：利用精神分析法，我们只能更好地解释对象原欲的"变型"问题，却不能将自我原欲单独抽来，并解释它是怎么一回事。基于此，原欲理论归根结底仍只是一种假设。假设引入荣格 (C. G. jung) 的相关理论，使之和精神本能的整体完全契合，那么我们所观察及假设的一切都将毫无意义。所以，不妨保留我们引入的原欲假设。在此基础上，我将进一步分析我此前提出的一个看法：性能量受某种化学物质的影响，它同精神活动是分开的。这个看法在一定程度上符合我们提出的原欲的意义。

第四节 男女两性的 分化

众所周知，进入青春期后，两性特征才开始显现出来。这时，一个人被判定为男人还是女人，会对其日后的人格形成有巨大的影响，这种影响相对于其他因素引起的影响都要大得多。

男女在天性方面的差异，其实在婴儿期就有所显现了。比如，这一时期的女童已经表现出了性抑制的一面，如羞怯、厌恶或者同情心的显露，而男孩的这类表现就不明显。除此之外，"局部冲动"的表现也有所不同，男孩是主动性质，女孩则是被动性质。不过，他们也存在相同之处，就是同样会有快感区的自我享乐行为。因为这个共同点，使得我们难以在儿童期时就从性的角度将这两者分类。我们甚至可以认为，他们自我享乐即自慰的方式、风格是一样的。

在仔细体会"男性"与"女性"这两个词的明确含义后，我们不难发现：原欲在任何性别的个体身上呈现的性质都是男性，只有原欲的性对象才有男女之分。也就是说，常人所认同的分辨男女的常识，并不适用于我们此处的研究。而实际上，在科学理论中，对男女的分辨也是模糊不清的。

对性别的定义主要从三个方面来考虑：

一、"男性"代表主动者，"女性"代表被动者；

二、生物学上对两者的定义；

三、社会学上对两者的定义。

通常，第一方面是我们普通人最常用、也是心理分析学最普遍认同的，它是最基本且最重要的。比如，当某些言论中指出性欲是"男性"的，也就是指它无论在何种状况下都是主动的。从生物学层面定义性别时，根据是精子和卵子各自的功能，这就容易理解得多。而人们所理解的主动性以及能代表它的特征，如肌肉强健、具有侵略性或强烈的原欲等，通常情况下也符合生物学上对男性的定义。但是，这并不代表凡是表现出主动性的一方都是男性，有时候，女性反倒是主动的一方。至于一个人在社会学上的性别，则是在对其进行充分观察后得出的。这种判断依据使我们认识到，即便单从生物学或者心理学的角度的分析话，纯粹的男性或女性也并不存在。每个人身上都同时兼具两性特点，他既是主动的，也是被动的。

一、男人与女人的首要快感区

另外需要补充的是，女人的主要快感区是阴蒂 (citroris)，它跟男性的阴茎相似。据我们的观察，女童的自慰行为大多发生在阴蒂这一部位，而不是其他在日后的性生活中有重要功用的外部生殖器。除非是特殊情况，我们很难想象女孩的自慰还以阴蒂自慰之外的其他方式进行。阴蒂产生的痉挛，是女孩性兴奋的表现。当阴蒂勃起的时候，女孩可以自然而然地联想男性的性活动表现，她们只需通过对自己性过程的特殊感受来推测男性就可以了。

因此，要想知道由女孩到女人的转变过程，我们必须先弄清楚阴蒂勃起的真相。我们知道，在青春期，男孩的原欲会得到明显的发展，但是女孩的性抑制作用相反会在这一时期进一步加强，这一点可以通过阴蒂的性活动得到反映。受到性抑制作用的影响，青春期女孩身上的男性特征也会逐渐减少。男孩的情形截然相反，随着原欲的不断增强，他们对“性”的期望也越来越高。表现为：当女人对性越是保守，对一个男孩越是持拒绝的态度，男孩对女孩的评估就会越高，于是追逐的欲望就越强烈。

当女性的性行为开始后，阴蒂最先被刺激到，并将这种刺激作用传达给相邻的性器官。这一传达过程，好比用一堆干松枝引燃了一根硬木头。不过，传达是需要一定时间的，在这个过程中，如果阴蒂不情愿放弃激动状态，那么女性就会表现出对性无动于衷的样子。这正是为什么新娘子在一开始会有性冷淡现象的原因。这通常是因为女性婴儿期性活动过度。但是，它所呈现的对性的麻木并不是全面的，而是表面的、局部的，通常只发生在阴道，而阴蒂和其他快感区会有不同程度的反应。

当然，导致女性性冷淡的原因，除了受生理因素的影响之外，还有精神因素，即性抑制作用的影响。如果能够克服种种影响，使性兴奋能够从阴蒂移位于阴道上面的话，此后女性的性活动部位就会以阴道为主。女性这种特有的变化，是男性所没有的，他们从儿童期到成年期无需进行这种转接。这一过程和青春期性抑制作用的影响，是导致女人更容易患神经症，尤其是歇斯底里症的原因。

第五节 对象的寻求

自青春期开始，生殖区的首要性得到了确立，男人勃起的阳具为的是实现新的性目的，即插入。可以说，他们从儿童期就做好的一切准备，在此时都已经恰当地派上用场了，而他们的性心理也足够成熟。

最初，性满足的方式和摄取食物的方式还未分开时，他们的性本能就指向母亲的乳房。之后，当孩子们认识到乳房有它自己的主人时，他们便一时丢失了性对象，于是性活动转变为自我享乐。这是男孩们的性潜伏期，这一时期结束后，他们的性才重新和性对象建立起联系。这一系列过程，以母亲的乳房开始，也难怪人们会把婴儿吮吸母乳的现象当作一切依恋关系的源头。可见，对类似于这一现象的探究，其实都是重新挖掘这种依恋关系。

精神分析认为，人寻求他所依恋的对象的结果有两种：一种是基于他对婴儿期的性对象的执着，他的寻找过程也是执着的，呈现出他对对象的依赖性；另一种是他在人群里寻找"自我"，这种寻求是自恋性质的，比较容易导致性变态或者心理病态。我们论述的，是第一种情况。

一、婴儿期的性对象

性行为脱离摄取营养的行为之后，两者之间的性关系依然存在，而且仍具有重要的意义。其意义在于，它有助于个体选择性对象的过程，拾回曾经失去的、与对象结合的快乐。这就解释了一个普遍的现象：在整个潜伏期，孩子们都尽力学习爱那些会满足他们要求的人——这些人帮助他们从丧失快乐的境况中走出来。也就是说，这种现象其实是吮吸母乳这种原始性活动的演变。将儿童对照顾他们的人的依恋等同于性行为，这种见解会让某些人难以接受。但我认为，这一事实会通过进一步的精神分析得以证明。

在这种照顾关系中，孩子会获得源源不竭的性刺激和满足感。这跟母亲照顾孩子时，会使孩子产生性刺激是一样的。另外值得一提的是，其实母亲对孩子的关照也是性行为的一种表现。她们对孩子的爱抚、晃动以及亲吻，亦如对她的性对象做的一样。母亲认为这么做是正常的，是一种纯洁的爱的表示。如果她发现这种关照会激发并增强孩子的性本能的话，她也许产生自责、羞愧。然而母亲们多半不想承认这一事实，她们有的会理论说，自己在照顾孩子的过程中已经尽量避免碰触他们的性器官。但是，另外的事实却又有可能刺激她们：对生殖区的刺激并非激发性本能的唯一途径，那些人们通常认为与性无关的行为，同样会影响到生殖区的感受。

所以说，母亲们应该更深入地认识性本能以及它对个人心智发展的影响，包括道德感以及精神成就的形成。如果对此有更多的了解，她们就不会产生误解，过分责备自己。毕竟，她们也只是做了一个母亲的本职工作：养育孩子，并教导他们如何去爱。

母亲都希望自己的孩子成长为一个强壮、性欲正常的男人，而一个人本能的驱使，总是容易引起性兴奋。无论如何，母亲要知道，过分的宠爱会促使孩子性早熟，可能给他带来不利影响。被宠溺的孩子会对爱有着过分的需求，以致使得他们长大后会承受不住爱的消失。如果一个孩子向父母索取爱到了过分的程度，那表明他以后可能会患上心理疾病。所以说，父母一定不要对孩子过分宠溺——这么做的父母往往也有心理病症。可以说，过分宠溺和对爱的极度索取一样，都可以遗传。

二、幼儿的不安

儿童对照顾他们的人有强烈的依赖，让人觉得他们似乎知道这种依赖关系和性有关。他们依赖的对象正是他们所爱的人。担心会失去所爱之人，是他们感到不安的根本原因。也因此，他们会害怕对他们没感情的陌生人。如果有亲人陪伴，即便身处黑暗之中，他们也不畏惧。而如果是保姆照顾的话，光是她们讲的恐怖故事，如吸血鬼故事，就能把他们吓得半死。有人责怪保姆不会讲故事，其实问题不在于故事，而在于爱抚过多，性本能过分增强，或者被过分宠溺，性早熟而又得不到满足，于是变得如此胆小。这一点，他们跟成人类似。如果不是这两种情况的话，恐怖故事对小孩来说是不足为惧的。

反之，我们发现，当成人的原欲得不到满足时，他们也会像孩子一样害怕独处。这是因为，他们所爱之人离开了，让他们没有了安全感。这时，他们可能会表现得像个孩子一样，目的是为了消减恐惧。

我之所以做出以上的关于"幼儿不安"的解释，是受到了这个案例的启发：一个三岁的男孩身处一个黑暗的房间时大叫道："姑姑，这里好暗，我害怕，跟我说话。"他姑姑回答："说话有什么用，你又看不到我。"这个案例表明，男孩害怕的不是黑暗，而是所爱之人不在身边。只要对方在，他就会感到心安。这给了精神分析一个重要的启发，即原欲是引发焦虑的根源，或者说它是原欲转化的产物，两者之间的关系犹如醋和酒。我在自己所著的《精神分析引论》第二十五章探讨了这个问题，不过，探讨未能彻底。

三、乱伦的堤防

经过上述讨论后，我们已经知道了：父母对孩子的过分宠溺会促使孩子们性早熟，在青春期未来之前就唤醒了他们的性本能，使孩子们对性有所幻想，在生殖区系统产生性兴奋。如果父母对孩子的关爱恰当，避免孩子性早熟的情况发生的话，那么父母的爱将会指导孩子以后正确地选择性对象。

毫无疑问，孩子们选择性对象的最直接的方式，就是以他童年期的原欲对象为原型。由于他们的性器官发育较晚，他们在性成熟之前仍有足够的时间去建立一些屏障，防止自己陷入乱伦的境地。又因为道德戒律对此也有所要求，因此他们在选择时就排除了自己年少时曾经爱过的近亲之人。当然，无论是屏障也好还是社会的道德戒律也好，本质上都是文明社会所确立的一种要求。因为，家庭关系的过分亲密必定会形成庞大的家族，继而威胁到更高级的社会组织的形成。于是，社会会对脱离童年期后的每个人，特别是青春期的男孩，竭力使他和家庭的关系变得不那么紧密。虽然这一关系在他们的儿童期非常重要。

无疑，对乱伦的禁止是人类史的一项重要成就，它和其他道德禁忌一样，成为人们不约而同都会遵守的一条律令，以至于代代相传。然而，精神分析却发现，个人身上仍存在对乱伦的幻想，以至于阻止乱伦的堤坝有时候会失去作用。不过，一般情况下，青年人最早的性对象以及全部性生活，都只是出现在几乎不可能实现的幻想中而已。幼儿期已形成的各种性倾向，会在他们的幻想中再次呈现，不过，它们的表现与幼儿期有所不同，就是开始包含肉欲成分。在他们的种种倾向中，最重要的一种是以父亲或母亲为性对象的倾向。男孩喜爱幻想自己的母亲，女孩亲近自己的父亲。当这种乱伦性质的幻想最终被他们丢弃时，也就意味着他们青春期最重要也是最痛苦的一段心理历程圆满结束了。他们脱离了父母的管辖，出现了两代之间的对立。这一整个过程对人类文明的发展极为重要，因为它代表了个人的成长，是人类进步的前提。

人类发展过程中经历的每一个阶段，总难免有一部分人由于某种原因而停滞不前。在青春期，有的孩子可能无法脱离父母的控制，又或者他们自己不愿意脱离，想继续拥有父母原来对自己的情爱。女孩子尤其会发生这种情况。在进入青春期后，她们仍像幼儿时一样向父母索取爱，保持跟父母原有的关系。这可能会使父母高兴一时，但结果却不理想：这些女孩子在成为人妻后通常无法尽到一个妻子的职责。她们在自己所组建的家庭中表现得极为冷漠，或者对跟丈夫做爱没有多大的兴趣。由此可知，性爱与孩子对父母的爱乃同根而生，只不过，后者是个人对幼儿期原欲的执着。

对"心—性"的观察研究越是深入，我们越能发现乱伦关系中性对象的重要性。以神经症案例分析，青春期间，按理说他们必须放弃以儿时的亲近之人作为性对象。这时，他们的性心理被全部或者部分隐匿在了潜意识中，原来的性对象也连同被埋藏了。如果神经症患者是女孩子的话，我们会发现，她一方面极其渴望情爱关系，一方面又害怕真正的性生活，由此她就会产生一种"非性爱情理念"，试图将自己的原欲隐藏在一种不会让她有羞愧感的情爱后面，而她的表现就是对父母或者兄弟姐妹有一种强烈的依恋乃至爱恋。精神分析可以指出，她们其实是在跟自己的亲人谈恋爱。这种爱恋大多情况下再现于青春期，有的可能会终其一生都保持。根据这些人的病症，精神分析碰触到了他们的潜意识的源头，并得出以下结论：当一个人因爱情上的挫折而患上心理病时，多半是因为他的原欲又返回到了幼儿期所依恋的性对象上。

四、幼儿期的性对象选择及其影响

乱伦倾向是原欲发展过程中必须克服的，但是，一个人即便克服了这种倾向，也不可能完全不受它的任何影响。我们发现，青年男子的初恋对象，往往是比较成熟的女性，而女孩对相对较老的男人也有好感。这种现象的出现根源，跟我们前面讨论的相符合，他们现在所爱的成熟性对象，其实是他们母亲或父亲的影子。有时候，影响虽然不明显，但仍可以发现，他们每一次选择的对象都带有"影子"的样子。男子总是在寻找一个类似他母亲的女人，因为在他的幼年，母亲充实了他的身心。母亲对孩子同样有占有欲，她会对取代她占据其孩子内心的另一个女人充满敌意。孩子与父母之间的这种关系，关系到孩子未来与其所爱之人的关系。如果它受到了干扰或损害，那么孩子成年后的性生活就会受到影响。另外，情人特有的嫉妒心理，追根溯源，多少也跟幼儿期的生活有关。那些不和睦的家庭，如争吵不断，或者夫妻感情不和，也会使孩子未来的性发展发生错乱，导致他们出现性障碍或神经症。

总之，孩子对父母的感情是幼儿心灵中一种最重要的情结。它在青春期重新复苏，指导一个人如何去选择性对象。当然，它并非是影响选择的唯一因素，其他一些受儿童经历影响的因素，同样会关系到性对象选择的问题。有时候情况可能更为复杂，出现多个方向选择的局面。人类情欲生活可以说是花样繁多，要想理解各种恋爱现象以及其中透露出的那种无法自制的性质，我们必须追溯到当事者的童年时代。[1]

五、性颠倒的预防

选择性对象的第一步，正常说来，就是必须指向异性。当然，要想明确自己的性对象是异性，却不是随随便便就可以做的。进入青春期后的性冲动在一开始的时候，很有可能会迷失方向，当然，这种迷失造成的后果不至于特别严重。德索 (Dessoir) 在 1894 年时提出，青春期的男孩女孩，往往更愿意和同性伙伴建立亲密的关系。要想阻止这种暂时的性颠倒演变成永久性的，无疑只能依靠异性之间强大的吸引力。但是要注意，仅仅依靠吸引力，并不能改变颠倒状况。最起作用的因素，其实是来自社会的权威性禁止。如果某个地方对性颠倒行为宽容，不视之为犯罪行为的话，就会出现更多的性颠倒倾向。

此外，另一个防止性颠倒的因素跟个人的成长经历有关。男孩在成长期间，总是更多地受到其母亲或者其他女性的照料，这种记忆会成为引导他们长大后寻找异性的力量。而父亲会抑制男孩们早期的性活动，父子之间形成一种较为紧张的竞争关系，使男孩子们也对同性较无好感，于是长大后远离同性。

同样的状况也发生在女孩的成长过程中。母亲负责监视并抑制她们的性活动，使她们对同性充满敌意，引导她们长大后追求异性。

同性恋的发生则有一个普遍的现象：那些从小被男人教育的孩子，长大后更容易成为同性恋。比如古代由男奴充当教师，一个家庭的男孩发生性颠倒的几率就更大。贵族家庭的男青年成为同性恋的现象最常见，就是因为这些男孩在幼年时更多地接触男仆而不是他们的母亲。在歇斯底里症患者身上我们发现，出身单亲家庭，或者从小单由父亲或母亲抚养长大的孩子，将自己的爱全部投注于一方身上，永久地影响了他们日后选择性对象的方向，可能导致永久性的性颠倒。

---

1 人类的性爱生活复杂多变，花样百出，而堕入情网的过程则具有某种强迫性特征，如果我们不向童年寻求答案，不把它们看做是童年残存的影响，这些简直是不可理解的。——原注

第六节 概　要

经过前面所有的论述后，现在我们该做总结了。

我们首先针对性对象和性目的方面的性变态现象，提出了一个问题：这些性变态是天生的还是后天形成的？探讨这一问题，我们主要是通过精神分析的方式，分析那些性变态程度不严重且为数不少的神经症患者的性本能状态。而我们的结论是，这些人的潜意识中就具有性变态的倾向，这是他们患神经症的重要原因。换言之，心理疾病是性变态的另一种表现。接着，我们提出，性变态倾向其实非常普遍，它是人类性本能中最基本也是最原始的一部分。在成长过程中，唯有通过性机制的正常转变以及精神的抑制，一个人才能克服这种倾向，使性发展趋于正常。

在提出上述结论后，我们又将探究对象转移到孩子身上，试图证实性变态倾向在儿童身上已有体现。由此，我们提出了羞耻、厌恶、同情等精神因素，并强调社会强加给人的各种道德规范以及权威禁忌会对这种倾向产生抑制作用。于是，这种性变态行为，就被我们认为是性发展过程中受到不恰当抑制后的结果。虽然性变态现象各有不同的表现，但它们无一例外，都与个人的生活经历息息相关，而并非与生活对立。因为各种性变态的现象极其复杂，我们便设想性本能自身也是多种因素作用的结果。性变态的形成，就是这些因素互相分离、错乱造成的。所以说，性变态行为，一方面是因为性发展受到了抑制，被中断；另一方面也可能是因为性本能的各种因素在发展过程中解体。这两个情况让我们设想到，成人的性本能与他们幼童时的各种性冲动有关，前者是后者结合后形成的单一的性目的的表现。

说明了性变态的普遍存在，且解释了这种倾向在神经症患者中起主导作用后，我们又提出了这么一个观点：它的出现，是因为正常性发展的方向受到了压制性的"潜意识作用"，而另向偏道寻求发展。于是，我们很自然地对儿童性活动及其发展进行了探讨。

人们通过研究证实，否认幼儿具有性本能，认为儿童的性活动属于异常现象——这样的见解是极其错误的，与事实相悖。也就是说，性本能与生俱来，在幼儿摄取食物时，他们已有了性满足的体验。后来，他们又通过吮吸手指来重复这种体验。然而，他们的性本能跟其他的身体功能的发展有所不同。孩子二岁到五岁期间，它处于兴盛期，而后就进入了所谓的潜伏期。在这一期间里，性兴奋仍然存在，以能量形式储存着。它会产生两个跟性目的无关的效用，一是使性成分掺入社会性的情感，一是在潜意识的抑制作用下，构筑起与性活动对立的屏障。就此而言，使性本能向某一个特定方向发展的力量，在儿童期已经形成。正常情况下，这种力量要想起到正面作用，它需要两个条件，一是教化作用的影响，二是以丢弃异常的性冲动为代价——如果能逃脱这些冲动，儿童期的性活动就有可能表现出来。

此外，我们还发现了幼儿性兴奋有多种来源，其中最常见也是最重要的渠道，就是快感区的刺激引起满足。我们提出，快感区遍布于全身，包括皮肤的任意部位乃至任何一个身体器官。只不过有的快感区比较敏感，一点儿刺激便会引起它的兴奋。也就是说，身体的某个运动到达一定程度时，就会产生性兴奋。当个体的感情强烈，产生诸如悲苦或者快乐的情感时，性兴奋更容易出现。于是我们认为，幼儿也存在性兴奋，表现为他的自我享乐。只是，那时候他的性本能尚未指向某个性对象，因为后者还不存在。

此外，还有一个事实：在儿童时代，生殖区已经会产生快感。这时的快感反应通过两个形式实现，一是得到适当的刺激，就如同其他快感区在刺激下产生满足一样；另一种是通过其他我们还不明确的方式，如某种特殊的联系渠道，获得快感区的性兴奋。我们不得不承认的是，对于性满足与性兴奋、生殖区的性活动与其他的性欲来源之间的关系，我们未能有圆满的令人信服的解释。

不管怎样，对神经症患者的分析也表明，性本能在一个人的幼儿期便以某种性活动的样子呈现出来。一开始，口唇快感主导儿童的性活动。进入性器官前期后，肛门快感以及虐待倾向成为性活动的主要特征。到第三个阶段时，生殖区参与到性活动中，阴茎的主导地位得以确立，性活动得以定型。

与此同时，我们发现了更令人吃惊的事实：在二岁到五岁的幼儿期间，个体已经开始选择性对象。在这一期间，一切心理活动都被融入进去。因此，尽管不同的性本能成分还未成为一个确切的系统，性目的也面目不清，但这一时期对个体的性发展仍是有着重要作用。这一阶段，是以后形成确切的性体系的预备和重要先导。

另一个值得注意的事实是，人类的性发展因潜伏期的隔断而分为两个阶段。我们提出，隔断是人类向更高的文明发展的前提，但同时它也可能引发心理病症。就目前所知，这一现象，在人类的动物近亲中还未发现。可见，要想探讨现象的本源，必须追溯到人类的史前生活。

至今我们仍未能确定，幼儿期的性活动哪些属于正常现象，哪些属于会影响个体未来发展的异常现象。我们所知的是，幼儿性活动的表现是自慰。当潜伏期因外部环境的影响，如某种引诱，而暂停或中断时，儿童的性本能就会表现出不同形式的异常。而其他早熟的性活动，也会降低对儿童的性教育效用。

虽然有关幼儿期性生活的真相我们还不能确定，而且我们提出的设想存在诸多漏洞，但我们还是试图联系青春期的性活动变化，来理顺其中的关系。我认为，有两个方面的因素在性活动中起到关键作用：一、生殖区的性本能占据主导地位，其他性兴奋的来源都受控于它；二、性对象的寻找。这两件事情，在儿童时代都已经初露端倪。前者体现在"前期快感"的演变中，发生的变化是：性兴奋和性满足局限在自体内部的状况，演变为它们只是为了即将到来的新的性目的——排出性产物做前期准备。这时，新的性目的爆发的快感，会消除性兴奋。

之后，我们接着探讨了两性分化的真相。我们发现，女孩变为女人之前，在青春期还需要一个性压抑阶段。在这一阶段，她们丢弃幼儿时的男性特征，让生殖区的主导性逐渐显露出来。

至于性对象选择问题，我们提出，真正影响个人选择性对象的倾向的，是他幼儿期间对父母或者照顾者的依恋。这种依恋倾向在青春期苏醒，但社会及个体所建立起来防止乱伦的堤坝，促使他们放弃以亲近之人为性对象，转而寻找那些相似的人。

最后，我们要补充一点：在青春期这个中间阶段，个人肉体与精神的发展各自独立。身心结为一体的性的发展，是在生殖器的神经受到了强烈的情欲冲击之后。也就是，情欲支配了生殖器。

一、阻碍性正常发展的因素

在性发展的漫长过程中，每一步都可能受到阻碍或者固置。当合成性本能的某个因素在过程中受到影响，无法与其他因素交汇，就可能造成性本能的质的改变。我们在很多论述中都提到了这一点。接下来，我们要对各种外在或内在的因素分别进行探讨，弄清它们究竟通过一种什么样的机制，才能造成这种伤害。当然，以下谈到的内容，可能无法做到详略得当。毕竟，要找到每一个因素的必要价值，我们还要克服更多的困难。

二、体质因素和遗传因素

先天性的异常体质，是我们最先想到的因素。它或许是所有影响性发展的因素中，最重要也是基本的一个。但是，我们的探讨，只能根据性变态患者的后天表现进行，且探讨的结果并非总是正确的，因为我们无法确定，什么样的病症肯定是先天造成的。我们也许会说，性兴奋的某个渠道被强化了，所以导致了性变态。但是，我们又同时发现，即便是正常人，也会存在性癖好的强弱之分。我们因此猜想，也许有一种完全不受其他因素，如环境、个体影响的因素，它由遗传而来，直接导致了性变态。这一因素，我们称它为"变质性"。

"变质性"由遗传而来，关于这一点我深有体会。以我的治疗经验，患有严重歇斯底里症或强迫神经症患者，他们的父亲有一半以上在结婚前染上了梅毒，有的则患有脊髓痨或瘫痪，有的在其病历上则显示以前患过病毒。值得注意的是，梅毒并不会遗传到孩子身上。我们从那些日后患上神经症的儿童身上，没有发现梅毒病症。也就是说，梅毒不会遗传，但它会造成体质变异，导致性变态。当然，我并不认为，梅毒是导致这一结果的必要因素。只是我相信，梅毒和性变态之间的这种关系，绝非是一种偶然，多少说明了什么。

因为性变态患者会竭力避免让别人发现自己的性变态，所以，我们无法获得更丰富的资料来解释性变态的遗传机制。但是，我们仍可以将神经症和性变态联系起来。我们发现，神经症患者和性变态者，往往会在同一个家庭中出现，而且性别分布相当有趣。例如，如果一个家庭有几个男子是主动型的性变态者，那么家庭中的女人所患的性变态症就是被动性质的，可能表现为歇斯底里症状。我们由此断定，神经症和性变态之间必定有某种关系。

三、后天因素的影响

虽说我们假设了"变质性"的存在，但我们也不敢苟同这样的看法，即性生活的成型完全由先天因素决定的。我认为，无论有没有先天因素，在性发展的过程中，制约着"性"的各种因素总会起到作用。在这些作用之下，每一种出自性本能的力量都可能会成为支配性欲的某一个分流，它的强化或者弱化，对性本能将会产生直接的影响。体质相似的个体，一般情况下会受到下面三个后天因素的影响，并由其强弱不同，而出现差异较大的性发展面貌。

第一个因素是潜抑作用，即对性的潜意识抑制作用。

在性发展过程中，即便个体有较强的先天性倾向，在潜抑作用的影响下，哪怕不能消除先天因素的作用，也会使个体的性倾向发生重大改变。这时，性兴奋仍保持原状，但由于心理上存在障碍，它已经远离正常的性目的，走上偏道，呈现异常性行为。某种程度上说，个体的性生活也许还算正常，不正常的只是性心理。对心理病症的精神分析表明，这种人与性变态患者有一个共同点，就是他们绝大多数人在幼儿期间已经有性变态现象，有的人可能到成年时还保留这种现象。青春期到来后，或者更晚一些时候，由于某种原因，潜抑作用反常出现，阻止了性行为。于是，性变态没有发生，但个体在保留性冲动的同时，却患上了神经症。这种替换，正如一句格言所说的"年轻的妓女变成了老尼姑。"不同的是，在我们所述的情况中，"年轻"的时间通常很短。

无论如何，这两个事实：性变态会被心理病症取代；这两个病症会分别出现于同一个家庭不同性别的成员身上，这让我们得知，神经症就是性变态的反面。

第二个因素是升华作用。

升华作用可以通过另一个途径，释放性欲的过剩能量。在这个作用之下，一种本来具有危险的性倾向，可以成为某一种高级的精神素质，即艺术创作的原动力。探究升华作用的影响，有助于更全面、透彻地了解那些所谓具有天赋的艺术人才。而探讨的结果显示，这些人的性格，其实由效率、性变态和神经症三个元素按照不同比例混合而成。

升华作用的影响，也可以在其反向形成的压制现象中找到。这种压制始于儿童期间的潜伏阶段，如果条件有利，它可能保持一生。人们所说一个人的“性格”，其元素成分中有一部分就是跟性有关的，包括幼儿期间就形成固置的某种性本能倾向、性能量在升华作用下的产物以及其他用来防止性变态的因素——这些因素看起来无用。[1] 总之，人的性格的来源，有一部分是受到了幼儿期种种性变态因素的影响。这些因素的相反作用，就是一个人美德形成的重要原因。比如，左拉在其所著《生之欢乐》中讲述了这么一个故事：一个女孩，幼年时对爱有着强烈需求，稍不如意就会大发脾气，甚至做出非常残酷的事情。长大后，在恋爱关系中，她却毫不犹豫地为所爱之人奉献一切，包括金钱、自己的理想。可以说，左拉对人类天性有着相当敏锐的观察。

第三个因素是性欲的释放。

如果说先天的异常性倾向存在的话，它会随着个人的成长而逐渐强化。结果，个人的性生活必定是反常的。这一分析的结论，当然不是确定的。但有的例子却跟这一结论十分契合。许多研究这一论题的专家提出，性变态的固置有一个必要的前提：个人的性本能天生较弱。我认为这种看法过于极端，换一种说法也许更适合：性变态的固置的前提，不是性本能较弱，而是发挥性本能的重要部位及生殖区天生较弱。如此，其他性活动就可能脱离它的控制，各自为

1　有些性格特征甚至可以追溯到与某些特殊的快感区的联系。如顽强、节俭、有条有理来自肛门快感区，而野心则由强烈的尿道快感倾向决定的。——原注

政，不再为生殖区服务。更确切地说就是，青春期期间，本应在生殖区的"召唤"下汇合的各个性活动失去了统一的指挥，其他区域更强大的性欲行为取代了生殖区的性行为，于是造成了性变态。

四、偶然性的因素

潜抑作用、升华作用和性欲的释放这三个后天因素，对性发展的重要影响，是其他后天因素所不能比拟的。我们还不清楚前两个因素作用机制的原因，或许可以把它们视为伴随性本能而出现的先天素质的一部分，又或者可以认为它们是先天素质在性活动中的反映。如果认定这个主张的话，那么我们就会得出"性生活的最终形态归根结底是由先天体质决定的"这一结论。但是，很明显，这个理论不成立。因为，个人在任何成长阶段中的某些偶然性，都必定会影响性的发展。也就是说，先天体质因素和后天偶然因素，一起决定了性发展的最终形态，只是我们很难判断这两个因素哪个更为重要。仅就理论判断而言，我们可能更看重前一个因素。而与之相反的是，医学实践却认为后一项因素更重要。由此，更为合理的结论应该是：这两种因素其实相辅相成，之间并不会有冲突。我们认为，先天体质因素要想起作用，也需要后天因素即性刺激来辅助。反之，后天的偶然因素要想起作用，也需要一定的先天体质。这种相辅相成的关系，在很多例子中都能得到反映，表现为，某一因素弱化的时候，另一个因素就会强化。当然，两个极端情况也有可能，一些特殊的例子表现正是其中一种情况。

假设我们更强调发生在童年期的偶然因素的作用，我们的分析就更符合精神分析得出的结论。如此，可以当作性变态的唯一一个纯粹病因，就可能有两种情况，一种是器质性的 (dis-plsitional)，是先天体质和后天偶发因素作用的结果，另一种是确定性的 (difinitive)，也就是日后的创伤性经验带来的确切结果。这两大类型的每一病因，都会对性的发展造成伤害，带来退化作用 (regression)，使性活动回到早期阶段。

接下来，我们将回到本章原定的任务上，继续探讨以下几个因素对性发展的影响。

五、性早熟

在所有因素中，性早熟这一因素，很明显是神经症的病因之一，但它却不是最根本的原因。性早熟一旦出现，意味着两种可能：性抑制不完全和生殖系统发育不完整有关，这时候幼儿潜伏期被中断、缩短或者中止了，性倾向开始错乱。错乱倾向可能发展成为性变态，也可能在潜抑作用的压制下造成心理疾病。无论是哪种情形，性早熟总是和智力早熟同时发生的，但即便如此，由于以后的性本能冲动的增强，个人的心智也很难控制它。我们常常看到许多名人的成长正是如此，性早熟和智力早熟同时出现在他们身上。从他们的例子来看，与智力早熟同时发生的性早熟，在这里不必太担心。

六、时间因素

时间因素同样对性发展有着重要的作用，每种本能冲动出现的时间顺序，似乎跟物种有关。我们发现，在一个物种身上，某一本能被另一个新的本能取代之前，或者它受潜抑作用而消失之前，它存在的时间长短好像早已被确定了一样。而性变态现象的差异也存在两个方面，即时间顺序的颠倒和时间持续的长短，而这两个方面的变异，无疑都会对最终性变态结果起到决定性的作用。也就说，在性发展过程中，某一对相反倾向先后出现的顺序，是非常重要的。因为其中潜抑作用必然会发生，出现的顺序一旦颠倒，就会造成两种不同的结局。

此外，当一种性本能倾向表现得非常强烈时，它持续的时间也往往很短。解释上面所说的，我们可以这么举例：最初与异性相处时冲动非常强烈，后来往往会成为同性恋。而那些在童年期有着明显暴力倾向的孩子，也不会永久地控制其成年后的性格，因为他的倾向多半会消失或者转向相反的倾向。

为什么在发展过程中特定的机能出现顺序会受到干扰，这一点我们尚未清楚，它或许跟生物学甚至历史学方面的知识有关，有待人们继续深入探索。

七、早期印象的持久性

"性"的早期发展对个人的成长有着重要作用，这也许是因为在早期过程中产生了某个精神因素，或者说是心理观念。我们可以根据现有的案例假设：神经症患者或者性变态者，对他们的早期性印象非常敏感或印象深刻，而这种深刻印象是其他人没有的。出于这种敏感性，他们会不自觉地总是重复那些印象，阻碍了性本能的正常发展。此外，印象的不断重复还会带来这么一种心理结果：内心充满了太多的回忆，被印象所覆盖，以至于无法形成新的印象。导致这一结果的因素，还跟心智教育有关，随着个体文化程度的提升或减弱，结果的效用也增强或降低。相反，没有文化的野蛮人往往被称为"一时不幸的孩子"。

文明与性自由发展之间的制约关系造成了现在社会结构，向我们表明：在越是低级的社会文化形态中，幼儿期的性发展对个体日后的发展越不重要，反之，社会文化越高，影响就越重要。

八、固置作用

以上所说各种心理因素，结合了某种突发经验的刺激，就会对幼儿的性发展产生了重要影响。突发经验，特别是其他孩子或成年人的引诱，借助心理因素的作用，会使性发展固置成某一个永久的形态。通过观察那些性变态者以及神经症患者，我们发现他们的病因大多数跟幼儿期的性印象有关，当然许多人仍然认为在幼儿期还没有性欲。先天体质、性早熟、早期印象的持久以及性本能所受的外部刺激，都是造成他们的性在儿童期被固置的原因。

但是，我们做出的这些结论，令我们自己以及其他许多人都不是非常满意。毕竟，我们对关于构成性欲本质的生物学过程一无所知，最终仍是无法构建出一套完整的理论体系来证明我们的各个论点。

第二篇

儿童的性理论

儿童有性意识和性欲吗？儿童对"性"的探索起始于什么时候？儿童是怎么看待"性"的？弗洛伊德认为，对"性"的理解和态度，直接影响到孩子的人生发展轨迹。

假设我们丢弃道德戒律，把自己当作另一个星球上的某种纯粹的思维动物，我们会如何看待在地球上发生的各种事情呢？无疑，我们会觉得地球上的一切事物都是新鲜的，而其中，人类的两性存在肯定是最吸引我们的。即使男人和女人非常相似，但他们又有明显的不同。所以，即便是在另一个星球上对人类大致扫过一眼，仍能看出他们各自的特质。儿童是否也有相同的看法呢？事实上，儿童一开始并没有注意到两性之间的差异。他们刚建立初步的认知能力时，唯一知道的就是自己有一个父亲和一个母亲，并且他们相当确定这是自然而然的事情。小男孩如此认为，比小男孩略大一二岁的姐姐也抱有相同的看法。

我们因此肯定，激发儿童求知欲的，并不是双亲的存在或者两者之间的差异。他们对性的探索欲，是在"遭遇"弟弟或妹妹的出生后。比如，在一个男孩三岁时，他的母亲又生了一个小孩。由于父母将更多的注意力和关爱转移到了新生儿那里，他遭受冷落，就可能为了寻找自我的根源，而开始性的探索。另外，因为这个新生儿剥夺了他本来可以独享的关爱，自此之后，他便对其产生了敌意，这时他的思考能力也大大加强了。那些年龄稍大的儿童，他的敌意往往更明显，可能会公开显露出来，甚至通过言语来发泄不满，例如说"让白鹳把他叼回去"之类的话。更严重的是，他可能会趁机欺侮、虐待摇篮里的弟弟或妹妹。但是，如果弟弟或妹妹比他小很多的话，他的敌对情感又会相对减弱。这么一种情况也说明了这一点：有的年龄较大的儿童，在几年前惧怕弟弟妹妹的出生，但几年后如果他所担心的事情还没发生，他反倒会失望，希望母亲给他一个玩伴。

在这种复杂的感情刺激下，儿童不由得总是思考这样一个问题：孩子是从哪儿来的？这是他们人生第一个需要解决的疑惑，它就像经常出现在神话故事中的谜语一样，困扰着孩子。这一疑问发出的目的，乃是孩子们试图借助答案来阻止他们害怕的那件事情的发生。他们此时的思维已经相对独立，不再总是受外在因素的控制，因此他们会为了找出问题的答案而进行有关调查。如果没有人吓唬他们，他们就会采取最简单的方法——向父母或保姆寻求答案。这是因为，他们向来把后者视为知识的宝库。然而，他们的询问往往以失败告终。父母或保姆要不就是给他们模糊不清的答案，要不就是训斥他们，或者用童话故事来敷衍他们。在德国，孩子们会从父母那里得到这样的答案："孩子是鹳鸟从水里叼出来的。"很显然，孩子们半信半疑，只不过，他们不会公开表示这种怀疑。我认识的一个三岁男孩就是这样，在听了父母的回答后，他跑到湖边去证实。另外一个同样是我认识的孩子则是这样一种反应：他漫不经心地说，这种事情他比任何人都清楚，不是鹳鸟而是苍鹭带来了孩子。

上面两个孩子的事例说明，儿童们根本不认为鹳鸟传说是真的，他们隐约感到大人们在隐瞒某些敏感的事情。被大人们骗过或者敷衍过这么一次之后，他们便不再相信成年人的其他解释了，而这次经历也使他们产生了第一次"心理冲突"。也就是他们本以为自己的主动会让父母高兴，没想到换来的却是对方的指责，使自己背上了"淘气""顽皮"的罪名。这一次心理冲突是不可避免的，在这之后，孩子们又发生了"心理裂变"，针对回答分裂出两种理念：一种被人们认为是"好"的或者是"善"的，它的出现表明孩子停止了思考；另一种则是孩子们在强烈的好奇心的驱使下，继续寻找答案，并为自己做出的新回答提供证据。然而，他们的这一做法仍是不被大人接受，他们的思维被无意识地压抑了。心理疾病患者的心结，就是在这种情况下产生的。

从我后来对一个六岁男孩的分析来看，有一点是非常确定的：母亲怀孕后的变化，是逃不过孩子那双眼睛的。儿童已经会把母亲逐渐变大的肚子同一个新生儿的降临联系起来。那个六岁的男孩就是如此。他当时四岁半，他的母亲生了一个妹妹。等到他还有三个月就五岁时，他就能很清晰地通过某种比喻来表述自己对性问题的看法了。后来，他同样因为向父母提出跟性有关的问题而遭到训斥，同时好奇心也受到了抑制。这之后，他就把这件事情逐渐给忘了。

诸多的案例表明，孩子们并不相信"鹳鸟送子"是真的，也就说他们对性的看法没有人们想象中的那么简单。事实是，因为他们经常和动物玩耍，并观察动物，看到动物的性交过程，所以他们对性已经略知一二。后来，从对母亲怀孕现象的观察，他们确定了新生儿是从母亲体内出来。如果允许他们一直在这种探索方向上走下去，他们对性的探索就是正确的。但是，在探索过程中，他们后来又遇到了阻碍，于是停止了探索。这种阻碍可能是他们编造出来的某些不切实际的理论，但是同时又蕴含一点儿真理。成年人在探索那些奥妙的宇宙问题时，也会提出类似的灵感性理论。相关的案例分析表明，在孩子们提出的这些理论中，那些正确和切中要害的成分，反映了他们机体中的性本能运作情况。这就是说，孩子们所具有的跟性有关的理念，是其性心理结构的产物，而不是来自他们偶然的观察，或者是他们随意的心理活动的产物。也因此，我们才要针对一些典型的儿童性理论进行探讨。

第一种理论体现出孩子对两性差异的忽略，而这种忽略又是由孩子特有的注意方式——我们称之为"特殊的原始注意方式"所决定的。该理论的内容是，孩子们认为所有人的身上都有男孩身上的生殖器。阳具被孩子们认为是尊贵的，因为它是一种可以实现"自我享乐"的重要"性"对象。在这种认识之下，他们难以想象有人会没有这一重要的器官，当他们发现女孩子确实如此以后，他们相当震惊，并且会发表各种看法。可见，受"特殊的原始注意方式"的影响，他们的视觉甚至被干扰了。有的男孩子给自己找了一种好似自我安慰，又似自圆其说的理由，说妹妹不是缺少"小鸡鸡"，而是"小鸡鸡"还没有长大。

抱有第一种理论认知的男孩子，在成年以后，其梦境中仍可能会对这种认知有所反映。比如，他可能会梦见自己正在和某个女人交媾，然后突然发现女人的生殖器是阳具。这一景象使得梦中的他"性"致全无，梦也随之停止。

事实上，儿童仍认为人人都有阳具这一观念，跟远古人制造的雌雄同体的形象相吻合。而我们也发现，雌雄同体的形象，是大多数人可以接受的。只是，当人们看到真正的雌雄同体现象中，他们又觉得反感、害怕。

如果第一种理论认知在孩子的头脑中被固置下来的话，那么孩子以后就很难改变这种认识，他会一直保留着女人身上有阳具的幻象。这样的男孩性成熟后，很容易变成一个同性恋。借助男友的男性特征，他可以把自己视为一个有阳具的女人，如此一来就吻合了他儿时的想法。即便日后他认识了真正的女人是什么样的，他也不会对她们感兴趣，因为她们没有能够吸引他的性魅力。另外，如果这种人的童年生活是另一种样子的话，那么他必定会对生活感到厌倦。

受阴茎的性兴奋支配的男孩，通常会玩弄自己的阳具。他的这种行为一旦被父母看到，就会受到严厉批评，甚至被威胁说，再犯就把阳具割掉。这种"阉割威胁"会随着儿童的成长，影响越来越增强，以至于变得根深蒂固。神话和传奇故事也表明，儿童感情中的恐惧，与这一威胁有关。长大后，他们对阉割的恐惧，可能会在某个偶然的场合出现。在同性恋男子身上表现为，他们把女人的性器官当作是被阉割后的残疾，并且会害怕女人的性器官。这样的恐惧，并不会因为男孩后来受科学知识的教化而改变。

有意思的是，科学解剖表明，男孩认为女孩同样有阳具的理念并不是全部错误的，女人同样有阳具。解剖学证明，女性的阴蒂与男人的阳具出自同一根源，而生理学则对女性发展做了这样的补充：在女孩子的幼童时期，阴蒂跟男孩的阴茎所起的作用相同，比如，两者都是一个很敏感的快感地带，而女孩子的阴蒂兴奋行为，具有男孩子的性色彩。阴蒂后来不再长大，而在女孩子的发育期间，她们也会尽力抑制阴蒂兴奋。事实上，只有丢弃这种男性冲动的性欲，女性的身体特征才会得到发展。如果女人执着于阴蒂兴奋，她们的性机能就会遭到损害甚至丧失，比如对交媾毫无感觉。或者，她们对阴蒂兴奋的原因深究不放的话，她们就会压抑性本能，从而引发歇斯底里症。

上述事实证实了，第一种典型的儿童性理论中，认为女人有阳具的观点，某种程度上来说是对的。

另一个我们很容易观察到的现象是，男孩子以阴茎为贵的看法，女孩子同样持有。她们一开始对阴茎表现出极大的兴趣，后来就变成嫉妒男孩子，同时产生类似被阉割的受害感觉。她们希望自己像男孩子一样，可以站着撒尿。这种愿望，她们有时候会转化成这样的言语表达："我要是男孩多好呀！"这句话暗含的意思是，她们希望自己有阳具。

阳具的勃起现象如果能让孩子获得某种暗示的话，他们就会发现自己此前提出的"孩子从哪里来"这个问题的更接近事实的答案。也就是说，他们可能会按照这一思路联想到阴茎：孩子从妈妈肚子里来，让妈妈的肚子改变的肯定是爸爸，因为爸爸也常说孩子是他的，爸爸是怎么做的？这件事情如此神秘，因此他们就会联想到同样神秘的另一个东西即阳具。支持这种联想成立的原因还有：当孩子们按照这个思路进行思考到最后阶段时，他们的阳具也会兴奋，并产生一种模糊不清的、他们不知如何应对的冲动。在这种情况下，他们可能会做出压制冲动的暴力行为，如挤压或者摔打，甚至是弄坏某样东西。

回到刚才的联想思路上：当那孩子联想到父亲的阴茎后，按照正常的发展，他们接着会想到母亲身上应该有阴道，或者一种可以和父亲的阴茎交接的东西，如此他们才可能共同创造新生儿。而事实上，他们的思路却被打断了，他们的联想没有按照正常的逻辑继续下去。某种东西阻止了他继续联想，而这种东西正是他们所坚持的性理论：女人像男人一样有阳具。如此，他们还是不知道女人身上阴道的存在。

无论如何，孩子们的思考失败了，于是他们过后也可能会忘记自己的疑问了。但是，疑问并没有消失，他们的有关想法也仍然存在。这两样东西的保留，正是他们成年后如何看待性问题的"原型"观点。不过，这样的失败，会对他们后来的性发展产生不利的影响。

儿童的第二个典型性理论，正是建立在他们对阴道存在的一无所知这一基础之上：既然婴儿在妈妈的肚子里长大，又从里面出来，那看来只能通过妈妈的肛门了。他们之所以会这么设想，是因为作为排泄用的肛门是他们唯一所知的能够排出婴儿的地方。这一理论出现后，在孩子的整个童年时代中，它会被反复提出来。有的孩子会对此问题进行独立思考，有的孩子们则可能为之争论。在这种情况下，一个解释出现了：婴儿是通过肚脐眼生出来的，当肚脐眼张开，或者从它上面划开一口后，婴儿就被取出来了。孩子们的这种想法，来源于他们听过的老狼生小狼的寓言故事。

第二个性理论中包含的种种观点，通常会被孩子们公开地讨论，并成为他们记忆中的一部分。这一理论对大多数孩子来说不足为奇，也就是没有令他们感到不可思议的地方。而事实上，这一理论和他们之前相信的另一个理论是相互排斥的。

对持有这一理论的孩子们来说，人是像粪便一样被排出来的这一"事实"，并不会让他们觉得难堪。这是因为，排便这一件事情在他们看来是正常的，他们在幼儿园的时候就可以当众说明自己的排便欲望而不会感到为难。他们的观念跟习俗有关，而他们对动物的观察也告诉他们，人说不准就是像动物一样经由排泄得到繁殖。在这种理论认知之下，他们会认为，并非只有女人才能够生孩子，男人照样可以通过肛门将孩子排出来。于是，有的男孩子甚至想象自己将来也会生孩子。对于男孩子的这种想法，我们没有必要谴责它是一种女性化的变态行为。另外一个很明显的原因是，这一时期的儿童，肛门性欲相当活跃。

如果第二种理论的影响一直持续到儿童期的后半个阶段，那么他们就会从"孩子从哪来"这一问题的答案中得到启发，比如他会认为人吃了某种东西才会生出小孩。这种认识，可以在神经症患者身上得到体现。比如，某个神经症患者会让他的医生看他在墙角排出的粪便，笑着说："你看，这就是我今天生下的孩子。"

第三种典型的儿童性理论的出现，是因为孩子看到了父母性交的场面，进而形成了一种跟性有关的不完整的概念。这一概念跟他们所看到的内容有多少无关，也就是父母的位置、动作或者声音等细节，无论映入他们眼中的是多少，结论都是一样的：性交就是一种虐待行为。

结合孩子们的所见，他们得出这种理论并不奇怪。强壮的父亲用蛮力"欺凌"柔软的母亲，这跟他们在游戏中看到的搏斗场景一样——这种场景中同样有性兴奋，而且也是强者欺负弱者。孩子是否会经由所见而灵光一闪，想到父母在做的事情跟生孩子有关？对这一问题，我无法确定。但我认为，他们既然把这件事情当成是一种暴力活动，那么看来他们就没有那种觉悟。不过，当他们看到了这种"恃强凌弱"的行动，就会导致他们想到了问"孩子从哪儿来"这一问题时，自己阳具就会勃起，同时出现暴力冲动。

第三个典型的儿童性理论让我们设想到这么一种可能性：有些儿童表现出来的性早熟以及施虐倾向，正是因为他们曾目睹过父母性交的场景。即便他们对这一场景不是完全了解，也无法用它来解答自己的各种疑惑，但它还是对他们产生了影响。在相关的模糊记忆刺激下，他们的虐待倾向被激发了。可见，"性交是虐待"的性理论，本来应当作为儿童的性启蒙，却不幸把儿童引入歧途。

但是，第三种理论在某种程度上同样具有真理性，具有性本能中的某些天然因素。我们可以发现，每一个孩子都或多或少持有"性交是施虐"的认识理念。且事实上，性爱活动中本来就具有施虐的成分，施虐概念反映了性爱的一部分本质，也反映了性爱过程的一部分真实的场景——男女交媾之前的"搏斗"。儿童通过偶然看到的性交场面，得出了这一理论。但归根结底，他们对所见到的场景只是一知半解而已。

孩子们看到这么一种现象：有时候妈妈会拒绝爸爸的爱抚。躺在同一张床上假装熟睡的他们由此认为，妈妈是在避免爸爸施暴。事实上，妈妈只不过担心接下来发生的，可能会让自己再次怀孕。另外的婚姻中的场景：父母之间争吵不断，有时候甚至大打出手；孩子之间的争吵有时候也是拳打脚踢。这些，都同样会使孩子更加坚持自己的"施虐"理论。如果他在第二天发现父母的床上有血迹，他就会把血迹作为前一个晚上暴力事件的证据，由此更坚定这种想法。事实上，性交过程中有血迹并不奇怪，如女性月经期间交媾就会有血迹（对成年人来说，新鲜的血迹表明性交活动暂时停止）。当然，孩子的反映也不奇怪，它是人类对血的本能恐怖的体现。但是，血迹的出现，再次阻碍了孩子获悉性的真相，因为血迹是初次性交的标志。

儿童还会提出一个问题：结婚是为了什么？这个问题，与他们提出的"孩子从哪儿来"这个问题有间接的关系。孩子们对婚姻的解答是否到位，跟他们各自对父母生活的观察结果同他们自己带有愉快感受的行动是否合拍有关。但是，无论哪种答案，都有一个共同特征：唯有首先要不知羞耻，婚姻才会是令人愉悦的。孩子们常说的一句话："一个人在另一个人身上撒尿"，表达了这种共同特征。另外类似的说法还有："男人把尿撒到女人的尿壶里""两个人不害臊地互相向对方露出屁股"，很明显，前一种说法比较文明，也更接近真相。

有些父母对孩子进行教育后，孩子们对性的探索会推迟。比如，一个十五岁的女孩，在月经来潮后仍对性一无所知，而她从书本中得到的认识是：结婚意味着两人的血液要混合起来，因为她的妹妹还没来月经，她就让另一个已有月经的女孩和她"交媾"，以将血液"混合"。

儿童后来对自己曾经有过的婚姻观念，会逐渐忘却，但是这些观念对那些日后患神经症的人却有影响。我们可以从儿童们玩的游戏中发现这种影响的征兆。比如，一个儿童会让另一个儿童做出各种他们认为是"婚配"的动作，这种想结婚的愿望以及方式，日后仍会表现出来。有时它的表现形式是一种恐惧或者类似恐惧的表情，乍一看这种表情自然会让人不解。

以上几种理论认知，是儿童在其幼年期间受自身性本能的影响而产生的想法。我们用来说明的材料还不完整，且我们也未能充分利用这些材料来解析童年生活的其他部分。为了尽可能不会遗漏其他重要的内容，在此我还要做以下补充。

我们经常听到儿童发表这样一个性理论："人因为亲嘴了才怀孕的"。这句话表明，孩子们已经注意到唇部快感区的重要性。就我观察的来看，有这个想法的更多是女童。如果她们对性的好奇在童年期间受到抑制，这种想法还会促使她们发病。我所知的一个病例就是这种情形，女病人因为不经意地看到一种叫作"以父作娘"的现象而发病。"以父作娘"的做法在很多民族中流行，其目的可能是为了表示对"父权"的怀疑——事实上，这种怀疑一直存在。女孩所看到的是，当她的母亲生下一个孩子后，有一个奇怪的"叔叔"一直在她家里穿着睡衣忙这忙那。在有的"以父作娘"的活动中，有时候孩子出生后男人还会躺在其妻子的身边，似乎是为了证明孩子是由双方共同生下来的。

儿童真正知道有关性的知识，是在 10 岁左右时。如果他的成长环境相对自由，不受压制，那么他对性的了解会更真实。接着，他又把自己所知道的转告给其他孩子。当他这么做的时候，他会觉得自己比其他孩子更高明，更像是个大人。一般来说，儿童们通过外部环境所学到的知识通常是正确的，但知识在传播过程中又往往会走样。比如，从某个孩子那传出的阴道知识是正确的，但在孩子们之间流传后，传播的内容可能就变了，可能混入了某些孩子们编造的想法，或者加入了年龄较大的儿童的性观念。在这样的传播下，儿童的一些性心理就更难以趋于完善，也因此他们无法确切回答出"孩子从哪儿来"这样的问题。他们可能一开始是因为不知道阴道的存在而无法作答，后来又因为不知道精液的存在而仍旧迷惑。

确实，让孩子们猜测男性生殖器排尿之外的作用，这确实不可能。有的少女非常纯洁，直至结婚当夜对此也是一无所知的，所以当她看到新郎把"尿"撒到她肚子里时，她非常震惊以至于恼火。假如孩子们在青春期就获得跟阴道、精液有关的知识，他们对性的好奇心会再次燃起，他们的性观念也会随之变化，不再抱有那几种典型的儿童性理论。不过，我认为没有必要在此讨论儿童后期对"性之谜"的各种理性解答，因为它们不会帮助我们了解相关的病症。可以确定的是，一开始儿童们接收到的各种信息，会决定它们的多样性。它们会唤醒孩子早期对性的兴趣，并决定他们日后的成长，比如手淫的发生，与父母的关系等。因此，教师们经常说，这个阶段的孩子接收的信息只会使他们变坏。以下，我们可以举例说明，这个时期儿童对性的认识的变化。

女孩之间传播这么一种说法：男人在女人的身体内"下蛋"，才让女人"孵出"孩子。这种说法被男孩子们知道了，然后他们认为，所谓的"蛋"就是他们身上的睾丸。他们之所以这么想，是因为他们常常听人们把那个部位称为"蛋"。然而，孩子们有一点很疑惑："蛋"被（阴囊）裹住了，怎能经常更换呢？类似这样的传闻，也总是无法解答孩子们对性的种种疑虑。

另外，女孩子们通常认为，男女交媾仅有一次，且会持续很久，比如她们可能会觉得是整整一天。她们还认为，所有的孩子都是通过这唯一的一次性交而生出来的。儿童们为什么会有这种想法呢？有的人觉得那是因为她们学习了某些昆虫生殖过程的知识，并受到了影响。抱有这种想法的人，也未能证实他们的想法。因此，在我看来，儿童们自己编造了这种想法。

有的女孩子根本没有怀孕的概念，不知道小生命是在人体内孕育，她们以为男女睡上一个晚上，第二天就会有孩子。玛赛尔·普列福斯特曾根据女孩子们的这一想法，在其所著《女人的信》中编写了一个有趣的故事。孩子们成熟之前对性的种种解答虽然有意思，但它们无异于我们的探究，我就此打住。但是，我认为有一点需要指出：儿童们对性的种种怪谈，多半是为了对抗他们的性压抑，或者那些进入他们无意识中的古老概念。

在上述各种理论的影响下，儿童做出的行为举动倒是很有意思。其中一种是，他们因为性被压抑，所以根本不愿听到任何有关性的事情。这种拒绝及其带来的无知状态，可能会保持到他们年龄稍大的时候。比如，可能是在他们患上神经症，再经由医生对他们进行心理分析之后，他们才会发掘自己的这种状态。我所接触的案例也有类似的情形：两个年龄介于 10 到 13 岁之间的男孩，当别人对他们说到父母的性行为后，他们竟回答："你的父亲会和别的女人干那种事情，我保证我父亲绝对不会那样。"

虽然儿童对性的好奇会随着年龄的增长而改变，但我们可以从他们青春期的各种举动中认定：他们一直都热切地想知道"孩子从哪儿来"这个问题的答案。

第三篇

诗人与白日梦

人一旦享受过某种快乐，就很难放弃对这种快乐的追求。人们一直在做的，不过是用另一种事物代替前一种事物，表面上放弃，其实是为了获得"替代品"。

　　诗人是怎么创作出作品的？那些作品中吸引我们，乃至唤起我们感情的是什么？对于这样的问题，我们作为外行人，只能像那个给阿瑞欧斯多提问题的红衣主教一样迷惑。而如果我们拿这些问题来问诗人，他们多半也都回答不出个所以然，只好说这是没法解释的。即便有的诗人作出解释，通常他的解释也很牵强。可以说，即便那些非常具有洞察力的人，他们也没法弄清楚诗人如何去选择那些想象性材料，又如何创造这些材料。虽然针对这个问题，我们知道的太少，但我们的兴趣依然是有的。

　　有的人会发出感叹：要是我们自己身上，或者与我们相似的其他人身上，也有诗人那种想象力和创造力的话，就太美妙了！诗人的创作果真如此神秘吗？我们通过调查分析，已经对此有了发现，并且可能探究出诗人创作的本质。

　　我们发现，作家们一直试图缩短他们和常人之间的距离。最能体现这一点的事实是，他们时常用这样一句话来鼓励人们："每一个人的内心深处都住着一个诗人。"有的作家甚至会说，如果世界只剩下一个人，那么这个人必定是个诗人。作家们的想象力，让我们想到了儿童期间已经显露的有关想象的活动，也就是游戏。

　　游戏无疑是最吸引儿童，也是儿童最热衷的活动。可以说，每一个游戏中的儿童，就像一个正在施展想象力的诗人。在他的想象之下，周围的世界被重新整合，呈现出他更喜爱的面貌。我们可以看到，孩子们对自己缔造出来的新世界非常热爱。也因此，他们会非常认真地投入游戏中，不惜花费时间和倾注感情。以孩子的角度来看，与他们的游戏对立的东西，是"现实"，而不是"认真地做事情"。虽然他们对游戏里的世界十分入迷，但他们又不至于沦陷其中，而是仍能够分清现实与幻想——他所有幻想中的事物和景象，都是从现实中启发而来的。游戏与现实的这么一种联系，正是游戏不同于"白日梦"的地方。

诗人的创作，正如同儿童的游戏。他们创造了虚幻的世界，把它当作真实的世界。但是，也如儿童一样，他们即便对虚幻的世界附注了太多的感情，仍是能够将其与真实世界区分。从我们所用的语言中，也可以看出诗人创作和儿童游戏的相似。比如，人们定义的"游戏"这一概念，就包含有半真半假之意。英语中，"游戏"一词含有戏剧、表演和假扮的意思，想象世界中的人被称为"表演者"或"演员"。令人奇怪的是，诗的想象中的东西，会带来强烈的文学效应——现实中发生的那种让人不愉快的事情，通过文学作品表现出来，却让人有愉悦感。比如，生活中令人痛苦的感情，通过文字传达出来，就变得令人愉快了。

对于现实与游戏之间的不同，我另外的看法是：儿童在成年后很少再做游戏，而是忙于和各种现实的事情打交道。然后，突然有一天，他会进入一种模糊的境界。在这一境界中，现实和游戏的界线没有了。这时他想起来，自己曾经在儿童的游戏期间，是多么欢乐。于是，他不禁产生了一种抛弃生活重负的想法，开始寻求一种愉快情感的愿望。

人们长大后就不再玩游戏，并不表明他们就放弃了曾经那种游戏的快乐。但凡对人的内心世界有所了解的话，就不得不承认这一点：人一旦享受过某种快乐，就很难放弃对这种快乐的追求。人们一直在做的，不过是用一种事物代替前一种事物。我们表面上放弃了某样事物时，其实是为了获得这一事物的"替代品"。因此，当成人放弃了游戏同现实世界的那种关联时，他们便不再做游戏了。而如果他想要重获那种游戏的快乐，他就会创造出一个虚幻的世界，我们可以称这个世界为"空中楼阁"，也可以称之为"白日梦"。我认为，绝大部分成年人都在做白日梦，而且会一直持续到他死为止。只是，人们已经忽略了这一真相，所以也无法正确认识到它的重要性。

相比儿童游戏时的想象，人的"白日梦"更难以被觉察。儿童做游戏，无论是个人独自玩，还是和其他儿童一起玩，游戏的孩子都会想象出一个为游戏而建的秘密王国。他们还会将自己的这个秘密告诉给大人，但是大人对他们的想法根本没有兴趣。而做白日梦的成年人却不是这样。他自己的梦境让他感到难堪，因此他不会向任何人提起。另一方面，他又觉得这些梦境是可贵的，视之为宝藏。通常情况下，他宁愿把自己做错的事情透露给别人，也不会透露自己的白日梦。在这种情况下，人人都认为只有自己会有这样的幻觉，不知道其他人其实也有。白日梦是游戏的继续。但它与儿童时期的游戏毕竟有着不同的动机，两者实现的行为方式也有所不同。

　　儿童的任意一种游戏都由儿童的愿望而生，而儿童的愿望无一例外都是希望自己快点长大。因此，在游戏中，他们总是扮演成人，模仿成人的生活。他们从不掩饰自己的愿望，成年人却不同。后者很清楚地知道自己不应再受游戏或者白日梦的迷惑，而应该回归现实，争取成功。但他们同样会因为受各种愿望的驱使而做白日梦，而他对自己的幻想总感到羞耻，于是不得不隐藏自己的白日梦。实际上，他们是在控制自己所认为的孩子气。

　　有的人也许疑问：既然人人都隐藏了自己的白日梦，你是怎么知道人们的这种幻想的？事实上，我们是通过对精神病患者进行分析后得知。可以假设，这些人发病，是因为代表着"必然性"的神圣女神给他们交代了这么一个任务：将内心遭受的苦痛和快乐，真实地向人透露出来。因此，在医生对他们进行心理治疗时，他们向医生诉说了自己的幻想及其他事情。根据我的治疗经验，神经症患者所讲述的事情，是正常人绝对不会讲出来的。而他们的透露，正是我们了解秘密的根本原因。

　　分析白日梦的特征，我们发现，生活幸福的人从来不会做白日梦，只有那些愿望没有实现的人才会有所幻想。可见，未实现的愿望是造成白日梦的因素。每个白日梦都代表着想要实现某个愿望，或者改变某种令人不满意的现实。推动白日梦的愿望是什么，由幻想者的性别、性格和所处环境等综合情况来决定。一般说来，这样的愿望大概两种，一种体现了幻想者升官发财的野心，一种体现的是性欲。年轻女子的白日梦，大多跟其性欲有关，由性欲而生。她们的野心欲可以通过性欲来实现。青年男子的白日梦的内容，包括性欲、野心和自私自利的欲望。之所以分析两性白日梦的不同，并不是为了强调它们的差别，而是为了更好地说明它们的共同特征。

在教堂中，我们经常可以看到圣坛画中的某个角落里，有日耳曼神话中的雷神形象。女人的白日梦正是如此，她们隐藏在梦中的角落，幻想着所有的胜利果实都归她所有。经过分析，我们可以发现她们隐藏自己的幻觉的强大动机。女孩子越有教养，性欲越弱，她就会越受到人们的称赞。对于男孩子来说，要想跟社会上其他人——这些人跟他一样有着同样的白日梦，建立起和谐的关系，以使自己能在社会上立足，他必须控制自己从幼童时代养成的自我性格。

我认为，每个人的白日梦绝不是永远某个样子，也不是不能改变的。它们随着个人生活的变化而改变，总是与生活的面貌保持一致。当生活经历某种深刻的经验时，白日梦的发展阶段中也会有一个醒目的时间段，如同被刻上了时间邮戳。总之，它与现实，或者说是时间，有着重要的关系。

通常情况下，人一生中有三个时期，会在某一个时刻出现同一个幻象。但是它却代表了我们的三种愿望。幻想活动的发展是这样的：它首先同我们保存着的某种印象结合，在内心某种力量的驱动下，个人做出了某种具有强烈欲望的事情，于是引发了幻想；然后，这种幻想又返回到早期的某个记忆中，一般说来是幼儿时代的记忆，在记忆中幻想曾被实现；最后，幻想又制造出某种可能发生于未来的事情，这件事情代表着愿望得到了实现。这一整个幻想活动，就是我们所说的白日梦。它既囊括了目前使它发生的某种事情，又囊括了某些往事记忆。如此，过去、现在和将来，就通过"愿望"的衔接而串联起来了。

针对上面的阐述，我将举这么一个普通例子：

假设一个家境贫困的孤儿，揣着一封推荐信，走在去见雇主的路上。这时，他突然陷入一个与当前情景相似的白日梦中。在这个梦里，雇主非常欣赏他，他一见到雇主就被顺利录用了。工作不久，他就成为了雇主的得力助手，并被雇主美丽的女儿看重，然后与她成婚。这之后，他作为雇主一家的成员，帮助岳父打理产业，最后变成了岳父事业的继承人。通过这一幻想，他重获了他儿童时代的幸福：那时，家庭是温暖的，他还有慈爱的父亲以及某个令他初次心动的小女孩。

在这个例子中，我们可以明确地发现：一个人的愿望产生，其实就利用他当下所遇到的事情，并通过过去的某种经验，为自己编造美好的未来。

对于类似的幻想，我们还可以说出更多的东西，但目前我们只能简单地点出重要的部分：如果幻想过于强烈和丰富，那么就会导致精神分裂或者其他精神疾病，它是我们目前治疗的这类患者的发病征兆。这一点属于病理学研究的领域了。

我们不能忽略的另外一点是，白日梦同梦境的关系。通过对梦进行解析后我们发现，梦境其实跟幻想是同样的东西。人们用言语智慧，把幻想的事情称为"白日梦"，这个词实际上说明了梦境的本质。然而，很多人仍对梦的真正含义不清楚。其实，它的出现，也就是夜间那些活跃的景象，正是我们平常不敢透露的愿望。我们隐匿这些愿望，把它们压抑在了无意识之中，因此自己就难以意识到它们的存在。事实上，这些愿望并没有消失，也会有种种变化。只是，它们必须伪装起来，才能在梦中以意识形式表现出来。当我们以科学的方式将它们从梦中抽出来，还原它们变形后的本来面目，就会发现，人晚上做的梦其实是欲望的反应。

在此，我们停止对白日梦的阐述，而回到诗人的话题上来。我们是不是能把一个具有非常想象力的诗人，当作一个正在做白日梦的人，而他的作品就是他的白日梦呢？我认为，这两者间还是许多明显的差异的。诗人、此前的史诗作者以及悲剧作家们，他们以现有的材料为创作之源，与那些几乎靠本能来创作的作家们有着很大的不同。我们先来谈谈后一种作家。

首先需要强调的是，我所指的这一种作家并不是那些得到批评家高度称赞的人，而是指那些相对谦虚的作家们。他们的读者群较大，他们创作的作品有一个共同的特征，即会在作品中描述一个受人瞩目的英雄。为此，作者会想方设法让读者们也对这个英雄充满敬佩或者热爱、同情。且在作品中，这个英雄总是会得到其他角色的保护。比如，他第一章结束时已经身负重伤，失血过多以至于昏迷不醒，但在第二章时，我们往往发现他在别人的精心照料下又恢复了健康。又或者，英雄在第一卷结尾时遭遇了海上风暴，船坏了，然后在第二卷的开头就会写，危急之中他被救了。总是如此，如不是如此，故事就无法继续了。于是，人们就会毫无畏惧地跟随主人公一起经历各种苦难。他们的安全感，跟这种安全感的发生是一样的：跟随一个真实的英雄跳入水中，救起一个将被溺死之人，或者跟随他冒着枪林弹雨去炸碉堡。有的聪明读者用了一句很贴切的话来描述这种阅读过程中的安全感："我永远不会出事。"

在我看来，这些作者笔下的英雄以及跟随他的读者们，所怀有的这种安全，其实是一种"唯我独尊"的感觉的体现。作者们的白日梦作品，正是这一感觉的产物。在相似的故事中，另外的一些写作特征也表明了这种感觉。比如，有的故事中，美貌的女主角与英雄相爱这一情节。这个虚构的情节，几乎是作家们白日梦中不可缺少的一部分。另外我们还发现，故事中的很多人物，其实都来源于现实。但是，不同于现实的是，在故事中他们会被明显地划入"好人"或者"坏人"的阵营：与英雄是一伙的，就是好人，否则就是坏人。

无论如何，我们都得承认，许多作品表现出的想象力之强，以至于超出了那种天真的白日梦的范围和水平。但我们仍然坚持，它们仍是白日梦，是一种走得更远的白日梦，通过一系列的分析转化，我们可以还原其真实面目。在这方面令我印象最深刻的，就是所谓的心理小说的描述。

在心理小说中，往往会出现这么一个人物，这个人物不一定是英雄，但作者会对他进行比较深入的内心描写。似乎，作者已经"钻入"了这个人的内心一样，站在这个人的角度来观察其他角色。这种心理描写的独特在于，它代表了作家的这么一种倾向：在自我了解的基础上，分裂自我，将自我转化为无数个"组成部分"。然后，将这些组成部分投射到作品的人物中，使这些人"人格化"。也就是说，每个人物其实都代表了作者的某一种心理倾向。

此外，一种被称为"超越中心"或者"中心之外"的小说，表面上看起来跟白日梦无关，实际上并非如此。在这种小说中，主角被描写得很冷漠，对其他人的痛苦总是视而不见。左拉的许多小说中就有这样的描写。对那些非作家但各方面都异常的人做了心理分析后，我认为，这种小说同样是白日梦的一种反应，而且它表现的是作家或者角色的心理变态。也就是说，作家借助这一白日梦，让"自我"能够满足于做一个冷漠的人。

我们比较了想象力强大的作家同幻想者、作品同白日梦之间的异同，如果说我们的这一工作有意义的话，也许就在于它让我们发现，我们所拿来比较的对象，跟现实的情况是一致的。

从我们最初提出的观点出发，我们对照了白日梦与愿望之间的关系，提出幻想，即白日梦会串联起过去、现在和将来。如果说我们的观点有什么意义的话，那就在于它与事实是相符的。为了证明这点，我们继而用作家们的作品来补充说明，并由此挖掘作家本身同他作品之间的关系。也许，有的人仍是不能理解白日梦和愿望之间的关联，也不知道用什么概念来定义它们之间的关系，有的人干脆认定这种关系非常简单。但是，种种对白日梦的研究让我们发现真相是：作家被某个印象深刻的真实经验刺激，童年时代的记忆被唤醒，于是他无意识里的某种愿望也复苏了，而它的复苏就是通过创作作品表达出来。因此，从作家们的作品中，我们可以发现一些他们正在经历的事情，也可以发现其中带有的童年回忆。

对这个复杂的创作过程，大可不必觉得匪夷所思。因为，事实上，我认为我所说的跟事实相比起来，还是比较粗略的。所以说，我所述的情况，最多只能作为研究人类创作过程的真相的初步尝试。以我的经验来看，这一方面的研究，会带来更多令我们有益的知识。如你所知，我一直在强调作家创作跟他们对童年生活的回忆有关。这听起来似乎牵强，但如果你们记住我得出这一看法的假设前提，也许就会理解了。我的假设是：想象力创造出来的作品，跟白日梦一样，同是儿童游戏的延续和代替品。

另外一种作品也值得我们在此提一下，这种作品不是本能创作出来的，而是对现有的材料进行加工后得出来的。在创作这样的作品时，作家在一定程度上是具有独立思想的，表现在他们可以自由地选择和运用材料。他们所用的材料，大部分取自于神话、传奇或者寓言故事，这些其实是一个民族的文化产物。虽然我们对这种创作方式的研究还不充分，但从很多事例中我们可以发现，诸如神话之类的文化产物，极有可能是整个民族的愿望所创造出的幻想或者说是变形体。

此篇论述，我的题目谈到了作家和诗人，但内容却更多地谈及白日梦。有的人可能对此奇怪，而我也意识到了这一点。实际上，由于目前我们对这方面的知识所知甚少，所以我觉得我的做法是可以理解的。在经过上述讨论后，我目前能做的，只是通过对白日梦的研究来发现一些暗示性的线索，以及提出几个问题。这些跟文学有关的问题，无疑会超出心理学领域。至于跟作家有关的另一些问题，比如：他们的作品能够激起读者感情的机制是什么？——这一类，我们并没有提到。但经过讨论之后，我们至少可以证明，我们所作的白日梦的讨论，必定能过渡到有关作家及其作品的讨论。因为，这两者是有关系的。

我提到过，白日梦幻想者觉得自己的幻想是污秽的，所以他们经常会隐藏幻想，不让别人发现。但我们现在可以确定，即使他把自己的幻觉透露给我们，我们也不会感兴趣，并从中得到任何快乐。因为，这些幻觉确实会令人反感乃至于厌恶，至少不会提起我们的兴趣。但作家笔下的幻想就不同。他们向我们展示他们的"游戏"或"白日梦"时，我们可以从中获得各种不同的快感。然而，至于他们为何能通过作品创造出这种效果，这至今仍是一个难解的谜。

文学艺术的本质，也许正在于它能够借助技巧来征服人们对白日梦的厌恶之情。往往，这种感情又与每个人对他人之间形成的"障碍"有关。克服这种障碍，我认为至少有两种手段。一种是，在作家施以变化或者伪装后，使"白日梦"所具有的"唯我独尊"的特征减弱，于是人更容易接受它。另一种是，作家们向我们透露他的白日梦时，也给我们提供了一种表面的或者美学上的愉悦，让我们快乐。当快乐在我们内心增加后，它便成为了一种"刺激性的诱饵"，或者我们可以称之为"前期快乐"。我认为，正是这种快乐使得我们从艺术作品中获得愉悦，舒缓了我们内心的紧张。换句话说，文学作品之所以能造成这种效应，可能是因为作家提供了这么一个场景：在那里，我们可以和自己的白日梦在一起，却不会感到羞耻。

自此，我们的讨论即将进入一个更加奇异、有趣和复杂的领域了。但是，我们又必须在这里打住，结束讨论。

第四篇

本能的升华

本能的终极目的是为了"满足"，但是并不是所有的
"本能的目的"都可以得到满足。"爱"的起源是主体
通过"自我享乐"方式获得性满足的能力，所以，爱
既是本能，又是原罪。

　　"科学概念必须是清晰明确的"，这个看法被大多数人认同。然而，事实上，我们从来没有看到一种科学是具有明确的基本概念的，即便是最准确的科学也如此。

　　科学活动的发展其实是这么样的：首先对现象进行描述，然后将现象分类分组，找出它们之间的关联。在进行描述时，科学家们收集到的资料，很难运用某些抽象的概念进行定义。因为，这些概念来源不同，而且它们绝非仅由新的经验来决定。然而，即便如此，它们的重要性还是随着人们的材料的加工而日益凸显，最终，它们会变成科学的基本概念。可以这么解释：最初的时候，这些概念虽然从经验角度来说仍然具有不确定性，但它们都是指向确切的实质性内容的。所以，只要保留这种模糊的概念状态，人们最后还是会理解它们的意思。

　　当然，要将它的概念确定下来，人们必须充分利用它们所依据的各种材料。我们从这些材料中推出来的抽象概念，都不如材料本身重要，处于从属地位，它们仍带有传统的经验知识。即便如此，我们在材料选择上也必须谨慎，要根据概念同经验材料之间的关系去做决定。要知道，在我们对所要挖掘的事物有透彻的理解之前，这两者之间的关系是非常重要的。只有以之为基础，确定在正确的领域做更深入的探索，我们提出的基本概念才能更具有科学性。当这些概念得到进一步完善，被人们普遍接受和运用，同时又具有逻辑上的合理性时，

我们就可以对它们做出定义了。

在为科学概念下定义的时候，为了促进科学进步，科学家给出的定义应该具有某种程度上的灵活性和伸缩性。物理学家在这方面就是榜样。在物理学领域中，有些基本的概念虽然已经被定义下来，但会随着物理学科的发展而不断演变内容。

在心理学中，模糊的基本概念的代表，非"本能"莫属了。接下来，我们就从各个方面来探索，将这一概念的含义确定下来。

第一步，我们先从生理学的层面上来分析"本能"。在这之前，我们先引入生理学中的两个概念：刺激和反射弧。专家们对这两个概念的解释是这样的：当具有生命的机体组织，具体说就是神经器官，受到外部刺激时，它会产生针对这种刺激的反应。这种反应会提醒生命机体此后要避开这种刺激，与之保持一定的安全距离。

在探究"本能"和"刺激"之间的关系时，人们必定会自然而然地认为前者的概念从属于后者的概念，也就是认为本能就是对心理（mind）的一种刺激。然而，这种看法很快又会让我们觉得不妥。因为，很显然，对心理的各种刺激，不仅包括来自本能的刺激，还包括其他一些看上去更像是来自于生理的刺激。比如，一束强光对眼睛所造成的刺激，就算不上是本能刺激。而由于缺乏分泌粘膜而造成的食道干渴的刺激，或者由于饥饿而造成的胃痛刺激，就属于本能刺激。当然，我们如此断定的前提是，假设这些体内活动是造成干渴、饥饿这样一些需要的基础。

我们获得了充分的材料，可以根据它们区别出作用于我们心理上的刺激的类型，即判断它们哪些是本能刺激，哪些是其他刺激，如生理刺激等。首先，我们提出这样一个观点：所有本能刺激都来自于机体自身，而不是外界环境。之所以这么说是因为，本能刺激会产生特殊的心理效果，要想根除这一效果，必须采用特殊的方法。而外部刺激的共同特征是：它是以一种力量形式产生的，它引发的效果就是促使人们作出与之对应的反射行动。比如最经典的例子：某些刺激会促使人们逃命。

值得注意的是，当外部刺激的力量重复堆积时，它就会变得更加强大。然而，即便如此，因为用来消除这种力量效果的因素仍未改变，所以对于我们来说，它仍是外部刺激。本能刺激与此不同，因为本能力量本来就不是瞬间的，而是永恒的。如果对机体的刺激不是源于外界，而是源于内部，那么任何方法都无法躲避刺激带来的影响。为了更清晰地区别本能刺激和外部刺激，我们将本能改称为"需要"，将那些能够解决"需要"的行为，我们称为"满足"。很明显，唯有对机体内部的"刺激源"进行恰当的调整，机体才能得到"满足"。

我们假设有这么一个具有生命的有机体：它孤独无助，迷茫且没有一个固定的发展方向。如果这时某一种"刺激"刚好作用于它的神经组织上，那么这个机体便会马上区别这是一种本能刺激还是一种外部刺激，并由此明确判别的标准。也就是说，那些仅靠个体的逃避行动便能消除的刺激，将会被它归类为外部刺激，而除此之外的刺激，就会被它归类为内部刺激，也就是本能需要。这时候，生命机体凭靠自己的觉察力和统筹力，已经能区别外部刺激和内部刺激了。

由此，我们明确了本能刺激的主要特点，即知道它源于机体内部，且会展现出源源不断的影响力。在这基础上，我们可以进一步推理出它的另一个显著特点，即逃避的方式不能消除它的力量。最终，我们会联想到另一个会促使我们深入探讨的事实。接下来，我们将充分结合一些传统的基本概念，使之为我们的经验材料所用，然后通过各种假设，来进一步研究各种心理现象。其中一个最重要的假设是：神经系统其实就是一种装置，其作用在于消除那些自己能感应到的刺激，或者，至少把刺激引起的兴奋度降到最低。这个假设从生物学的角度提出，其中涉及到目的这一概念。我认为，我们必须马上对它进行探讨。

如果这个假设是对的话，那就表明，神经系统实际上处于未被刺激到的状态，也就是没有产生兴奋。又如果不考虑这个假设之外的特例的话，我们就可以认为，神经系统其实就是用来消除或者控制刺激的。如此一来，"本能"的概念就难以说清我们之前认为非常简单的生物反射机制，因为后者在我们的假设之下变得更加复杂了。

对于外部刺激，我们可以这么解释：它出现之后，机体便给自己下达了避开这种刺激的任务。若完成这一任务，肌肉就必须产生运动。如果某种运动完成了任务，而且事实证明它是最适合完成某一项任务的话，那么机体反应就会产生遗传倾向。然而，肌肉运动的方式无法消除来自机体自身的本能刺激，因此机体对神经组织提出了更高的要求，并由此做出各种复杂的、互相关联的运动，以便改变外部环境，使内部需求得到满足。最重要的是，本能刺激总是持续不断的，最终它会迫使神经系统放弃避开它的意图。因此，我们大可以断定：本能刺激也就是本能需要，才是使机体进步的因素，外部刺激并不是。在本能刺激的驱动下，神经系统不得不发展自己，然后上升到一定水平。进而，我们还可以想到，本能或多或少会按照其积累的需求量，来促发各种不同程度的外部刺激。这些刺激在机体的发展过程中，会反过来影响机体自身。

在后来的研究中我们还发现，有的心理器官虽然已经发展到了相当高的水平，但它仍不得不服从"快乐原则"，受"快乐—痛苦"情感体系的控制。在此基础上，我们又可以这么猜想：一系列情感其实反映了机体控制刺激的过程。也就是说，刺激增加会引起痛苦，而刺激减少则会产生快乐。当然，这个猜想并没有完全确定，因此我们所做的探讨还是谨慎为妙。如果我们幸运的话，或许可以有两个重要发现，一个就是"快乐"与"痛苦"之间的关系，一个是"刺激"力度的变化如何对心理活动产生影响。可以肯定，在探索中我们将发现这些关系并不简单，也许存在着更多的各种关联。

综上所述，如果我们从生物学角度去理解心理现象的话，那么"本能"就会有两个方面的涵义，一方面它代表了一种机体自身的内部刺激，一方面由于它与身体之间存在关联，所以它又作为一个尺度，来衡量精神为了满足肉体需求而付出了多少精力。如此，对我们来说，它就会成为一个处于精神和物质之间的"边缘概念"。接下来，我们要接着讨论由本能而出现的一些字眼：本能动量、本能目的和本能来源。

本能动量就是它的力量，与力度大小，或者需要机体付出的能量程度有关。我们知道，机体具有的全部本能都有一个显著特征，就是表现为冲动或者刺激，可以说这一特征就是它们的本质。这么说来，每一种本能实际上就是一种活动。当我们说某种本能是被动的，其实就是指它的目标是被动实现的。

至于本能目的，最终无非就是获得"满足"，而要实现这一目的，必须要根除本能产生刺激所凭靠的条件。虽然在任何情况下，本能都是奔着满足而去的，但所用的方式却是各种各样。因此，我们常常会发现本能目的的最终效果也有差异，有的可能只是在目的达成到一半，或者还未到达一半时就停下来了。这些停滞的目的，可以通过结合或者交换，来改变自我。研究还表明，当本能目的受到抑制时，它在奔着"满足"去的路上，每前进一步都会受到抑制，甚至偏离方向。不过，我们仍可以假设，即便这样，它还是能获得一部分的满足。

本能目标和本能目的有所不同，它是指本能在实现最终目的所要寻求的东西。这种东西属于本能因素的一种，而且它是最容易变化的。它原本跟本能没有什么关系，但是因为它最宜用来提供本能所需要的"满足"，所以它便被列入本能之下的一个组成部分了。这样的目标，可能是外部事物，也可能是来自机体内部的事物。在生命的发展过程中，它总是随着本能的变化而时刻变化着，对于本能来说，它最重要的就是它所起到的置换作用。在这种作用之下，同一种目标满足好几种本能的情况就有可能出现。阿德勒称把这种现象叫作本能的"合流"。不过，我认为，常出现于本能早期的"固置"，更能表达本能与目标的这种关系。固置可以让本能停止运动，它始终与本能对抗，并最终取得了无比坚固的地位。

所谓本能的源泉，就是"机体活动"，它可以发生在某一组织或身体的某一部分，引起身体的刺激或兴奋状态，或者引发心理上的本能冲动。由于对本能源泉的研究不在心理学范围之内，因此我们对它所知甚少，甚至还无法确定它是一种普通的化学活动，还是一种类似释放机械力的物理活动。我们只知道，它作为本能的一部分，同样有着独特的本能特征，即源于身体内部。但研究本能的话，本能目标才是我们主要研究的对象，本能源泉的知识对我们来说并不重要，所以也不会是我们的研究目的之一。况且，通过本能目标，我们就可以认识到本能源泉。

来源于肉体但却对精神产生刺激的本能多种多样。我们或许能设想，要想区分这种本能的不同，可以从分辨它们的本质，或者区别它们的作用方式入手。然而，我不认为这么一种假设是正确的，我更赞成一种简单且更有力的假设：各种本能的本质都是一样，它们之所以会给精神生活带来不同的影响，是因为它们的兴奋有强弱之别。更准确地说，就是不同的本能因其兴奋量不同，产生的刺激功效不同，于是也就有不同的心理效果。我们可以从本能的不同源头来探讨这一假设。

在所有跟本能有关的事情中，唯有通过那些较晚显现出来的联系，我们才有可能弄清"本能的质量"所指的到底是什么。当我们定义出各种本能概念，比如游戏本能、破坏本能或社会本能之类的字眼时，我们也就接受了它们的存在，不会觉得这些概念不够确切。事实上，人的本能有多少种，都分别是什么，都不过是在人们受心理分析的限制，考虑自身需要后而定义出来的。不过，即便如此，我们还是会疑问：在种种有着单一方面的本能后面，除了有本能动机作为它的动力，是否还有其他的一些更有基本价值的动机因素呢？以及，我们是否可以认为，其实更基本的动机因素，才更配被称为"本能"？

此前我曾指出，我们至少可以清楚地看到机体存在的两种最基本的本能，即自我本能和性本能。生物研究证实，"性"与个体的其他功能不属于同一个层次。因为，它的"目的"已经超越了个体，表现为要繁殖出新的个体，以延续种族生命。此外，对于自我同"性欲"之间的关系，生物学还认可了两种观点：自我是个体最注重的东西，性爱从属于个体活动，性满足也从属于超出了个体需求中的一种；个体从属于种族，它最终会消亡，但它从种族那里得来的一种东西却不会灭绝。这种东西在生物学上称为"种质"。此外，还有一种说法：性功能与身体其他功能不同，是因为性功能会发生奇特的化学反应。不过，我认为，这个观点只是艾赫尔生物学派为了研究而提出来的一种基本参考意见。

从意识方面来研究本能几乎是不可能的，因为我们会遇到诸多无法解释的难题。由此，我们选择了用心理分析的方法。这一方法自运用以来，已经为我们提供了很多丰富的材料信息，让我们对性本能有了更充分的认识。心理分析这种独特的研究方式，和病例分析一样都是要对对象进行单独观察，这也是迄今我们能通过这个方法取得诸多成就的原因。乐观地说，随着心理分析在精神研究方面的普遍运用，我们最后肯定会发现那道能打开"自我本能"的知识之门。当然，我们现在还不敢奢望在其他更多的领域中也能够获得类似的观察入口。

现在，我们可以这样归纳性本能的基本特征：它们在各种不同的器官出现，类型繁多。起初，它们互不干扰，各自追求自己的"器官快感"，最后它们合为一个整体，为生殖功能服务，成为常人所谓的性本能。它们一开始的时候混杂并依靠于自我本能，后来逐渐脱离它，并最终独立出来。在选择对象时，它们仍是被自我本能领导，其中有的是从头到尾都不脱离后者，已然就是自我本能结构中的一部分性欲。通常说来，原始的各种性本能处于隐藏状态，但当个体患病时，它们就会显现出来。

此外，它们还具有一个显著的特征：因为它们之间是可以相互替换的，所以可以任意改变自己追求的性目标。这一特性使它们可以通过升华作用，将它们原本的性活动转化为其他种种不同的活动。当然，这时候，它们所用的方式也是不同的了。对于性本能的这样一种转变，我们称之为蜕变，它是性本能在整个发展过程中必定会经历的，也正是我们当下所讨论的内容。观察显示，一种本能的蜕变过程通常是这样：颠倒到它的对立面；返回到主体自身；受到抑制；得到升华。后两种都不是目前要探讨的，我们在此主要讨论前两种情况，不过在讨论之前我们应该先牢记一点：我们在此所讲的倾向正好处于本能正常发展倾向的对立面，所以可以说蜕变很可能是反抗本能的一种自卫。

现在，我们首先探讨颠倒。通过观察本能颠倒后的活动，我们可以将颠倒的情况分为两种，一种是由主动的本能活动转化为被动的颠倒，一种是内容上的彻底颠倒。这两种活动的本质不同，以下我们将对它们分别论述。

第一种颠倒情形，我们可以从两组相反的性活动中找到，即施虐和受虐，以及视淫和裸露。从这两组例子我们可以看出，这种颠倒更准确地说是性本能目的的颠倒，表现为主动目的和被动目的之间转化，主动目的如施虐和视淫，被动目的如受虐和裸露。至于发生的内容的完全颠倒，仅有由爱变恨这么一种情况。

在颠倒之后，本能如何返回主体自身的问题呢？我们可以通过分析我们所举的例子来认识，可以这么说：受虐欲的本质，其实是施虐欲以自我为施虐对象，裸露欲的本质也如此，将视淫的对象改为自我。通过深入的观察分析，我们还确定了：有受虐欲的人享受身体遭受的折磨，而有裸露欲的人，则喜欢暴露自己的身体。可以说，这种颠倒只是改变了性活动的对象也就是目标，其目的跟原来还是一致的。

但是，我们应该注意到一个事实：在我们所举的例子中，颠倒的同时性本能也在返回主体自我，也就是说，两者是同时发生于同一种活动中的。要想清晰地阐述这两种活动的关系，我们还需要更详尽的讨论。以"施虐—受虐"之间的转化来说，我们可以这么解释说明其过程：

首先，施虐是以他人为暴力对象。

然后，当这一外在目标被丢弃后，主体自己就成为了代替对象。这时，本能返回作用于"自我"，其目的也由主动性的转变为被动性的。

接着，如果主体继续以外部目标为对象时，他的本能目的，即受虐，也发生了从主动转为被动的改变。这个主体，和我们一开始探讨、发生施虐到受虐转变的主体，其实是一样的。也就是，无论是施虐还是受虐，患有这两种症状的人从中得到的满足是一样的。在"施虐—受虐"的转化过程中，被动的那个自我会产生幻觉，以为自己仍在掌握主动权，而不知道自己已经让位给另一个主体了。

有的人怀疑：难道没有一种纯粹的受虐满足吗？虽然我们至今没有遇到过那样的情形，即一种完全跟施虐无关的受虐满足感，但我认为可能性并非没有。如果这种情况存在的话，那表明，有的转变其实只停留在了第二个阶段，即性本能返回到主体自身，然后就此停留，没有发生第三个阶段的改变。这时候，主体被自己的虐待欲驱使，会做出自我折磨或者自我惩罚的行为，这种行为还称不上受虐症。此外，主体的主动愿望并没有变成被动愿望，而是变成一种折中的反射愿望。

施虐欲除了会产生出自本能的最基本性目的外（或二者结合为一体），还产生出一种非常明确的专门目的，即掌控目标，让其忍受痛苦。从这点来说，它就变得更加复杂了。心理分析曾试图证明，专门目的对实现最基本目的并没有什么用处。比如说，患施虐症的儿童，并不在乎自己的行为是否制造了痛苦，因为这不是他们的目的。然而，施虐倾向一旦转变为受虐倾向，这种痛苦的经验就被人们视为被动的受虐性目的。由此，我们完全可以认为，痛苦感和其他令人不快的感受一样，扩大为性的兴奋，带来愉悦。为了获得这种愉悦，主体甘愿承受痛苦。

　　因此我认为，无论何种情况，一旦遭受折磨成为受虐的经验，施虐就会随之出现，而"施加痛苦"也随之成为施虐的性目的。接着，"施加痛苦"也会变成施虐获得性快感的经验。在这种情况下，无论是受虐还是施虐，痛苦本身虽然不是令人愉悦的，但它带来的性兴奋却同样令患者快乐。且往往，施虐者会更容获得这种快乐。无论怎样，施虐者和受虐者对这种快乐其实已经达成了共识。于是，我们可以认为，由痛苦造成的性满足，其实正是受虐的最基本目的，也可以是施虐本能的最初目的。

　　为了使我的论述更明确，我必须补充一点：同情心不是由施虐本能转化而成的，而是在对抗这种本能的过程中产生的。

　　对另一组对立活动，即视淫和暴露这一组活动的研究，得到结果与上面的有所不同。分析这组对立互动的转化，我们仍分三个阶段来探讨：

　　一、视淫是一种以外部目标为对象的活动。

　　二、当视淫者放弃了外部目标，其视淫本能就会返回自身，使自我成为被动者，目的也变成了被动性的，即被观看。

　　三、在新目的的驱使下，主体变成了一个为了被观看而暴露自我的新主体。

　　观察这三个阶段，我们发现，在这一组对立活动的转变过程中，首先出现的仍是主动目的，即先有视淫欲，想偷窥别人，后才有裸露欲。与我们第一组的情况不同的是，在视淫本能的第一个阶段中，其实还有一个清晰的阶段。也就是说，在视淫本能的活动开始之前，还存在一种指向自身性欲的活动。这个活动的目标就是主体自身。后来，这种本能通过比较自己与别人，最终将目标转向其他人的身体——通常身体特征与主体的相似，由此才开始了第一个阶段。这个最初的阶段其实非常有意思，因为它才是产生"视淫—裸露"这组对立情势的根源。以下，我们可以通过一个图标，对视淫本能做大概的说明。

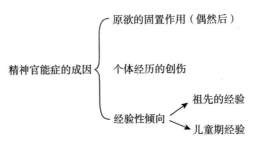

视淫本能产生的最初阶段，在施虐本能中不会出现。这是因为，施虐本能一开始就以外部对象为目标。正是因为这样，我们才将这一阶段视为儿童开始控制自己四肢活动的阶段。

通过以上论述，我们可以得出这样一个结论：无论是施虐本能还是视淫本能，当它们经历从主动性到被动性的转变，然后又返回主体自身这一个过程时，本能所具有的动力并没有全部用上。可以说，早期的主动倾向以及后来的被动倾向，其实都是始终并存的，与它们各自的显著变化并没有关系。由此，我们就可以对视淫本能做出正确的同时也是唯一的一个描述：包括最初阶段在内的它的四个发展阶段，其实一直都是并存发展的。如果我们的分析不是从本能引起的两个对立活动着手，而是从本能的满足机制上着手的话，我们会对它的真相有更清晰的认识。

接下来，我们用另一种更合理的方式来分析本能。首先，我们假设机体的每种本能是由无数"期望"组成的，也就是这些期望构成了本能的生命。它们分别出现在不同的时间点上，存在一段很短的时间，且始终保持原样。一个"期望"会引发另一个"期望"，如同熔岩的爆发是连贯的一样。我们前面所述的在最早阶段"爆发"的本能，也是保持不定不变的状态，从未有过任何发展。只是，在最初阶段之后的"期望"，有的可能在一开始受到了转化作用的影响，由主动变为被动，并将被动性一直保留了下来。于是，在这个"期望"的基础上，一种新的"期望"也会随之出现，但是后者并没有替代前者。如果我们仔细观察一种本能倾向是如何在某一阶段停留的，我们就可以更清晰地描绘它的"期望"排列情况，从而将本能的发展过程详尽地描述出来。这样一来，我们通过观察本能的后期阶段，也可以对它的早期阶段中存在着什么样的对立略知一二。鲍勒曾使用"矛盾心理"一词来解释这一事实，我认为相当贴切。

对本能，我们已经论述了它的发展过程以及该过程中存在的各个阶段的特性，可以说我们的理解更加全面了。在这基础上，综合案例分析，我们可以知道：鲍勒所说的"矛盾心理"，会随着个人、群体和种族的差异，而表现出不同程度的对立，即不同的反向发展程度。此外，这种"矛盾心理"其实是从远古时代遗传下来的。因为，我们有足够的理由设想，在远古时代，这些积极的本能力量在本能活动中的效用，会比它们在现代要更为强大。

自我发展的最初阶段中，性本能获得的满足是一种"自体性欲"的满足，我们因此称这一阶段为"自恋阶段"——我们还没有对"自体性欲"和"自恋"之间的关系进行讨论。在描述视淫本能的最初阶段时，因为主体是将自我作为视淫对象的，所以我们认为这一阶段其实就是一种"自恋"过程或者说是"自恋的构成"过程。自第一阶段开始后，视淫本能会逐渐脱离自恋期，在它发展的过程中，与之独立的裸露本能会紧盯着自恋对象。同样，由施虐转变为受虐的时候，自恋对象也会发生转变。在这两种情形之下，原本自恋的主体，寻找到了外部的另一个相似的自我，并与之进行等价交换。仅以施虐本能最初的自恋阶段来分析，我们就很容易得出这样一个观点：本能的蜕变过程，即返回主体自我，然后发生从主动性到被动性的转变这一个过程，其实跟主体自身的自恋机制有关，后者决定了前者的发生。也许，这一过程是一种自卫形式，而这种自卫活动源于其他刺激，建立在比主体自我更高的的发展层面上。

截止到现在，我们只是对"施虐—受虐"以及"视淫—裸露"这两组对立的本能活动进行了探讨。之所以选择这两组，是因为它们最能体现"矛盾心理"的形成。而其他一些在后期出现的性本能，因为缺乏资料，我们无法对它们展开讨论。但是，通过对两组典型的对立本能的探讨，我们大致可以总结得出：

本能活动说到底是受"自体性欲"控制的，也就是，对它们来说，作为它们产生根源的身体器官更具有重要性，而它们的目标则其次。但是，通常这两者最终会结合起来。

以视淫本能来说，主体的目标一开始是主体自身的某个部位，不是眼睛，但最后，目标和眼睛或结合起来满足视淫本能。施虐本能也如此，在一开始的时候，它的产生根源可能只是机体组织的某一个器官。后来在其他人身上追求目标时，它仍然有可能将自身的某一部分也作为目标。总之，性器官的作用才是实现"自体性欲"的过程中最重要的因素。用费迪恩和耶凯尔斯假设的观点来说，就是器官的形态和功能，决定了性本能目的倾向是被动性还是主动性。

接下来我们要探讨的第二种颠倒情况，即内容上的完全颠倒。这种情况，目前我们仅从由爱变恨的例子中可见到。这种将两种对立的情感指向同一个目标的情况，在生活中非常普遍。爱恨"共存"的现象，可以说是人类在感情中的"矛盾心理"的最典型例子。这一现象无疑会引起我们更大的兴趣，因为它跟我们提到的本能似乎没有什么关系。然而，事实上，"爱"其实就是性本能的一个特殊组成部分。这一两种对立感情的结合体，虽然相当特殊，但跟我们刚刚讨论的其他性本能一样，同属于性本能。当然，人们可能很难想到这一点。通常情况下，人们更愿意把"爱"当作是个人性生活表现出来的形态。虽然我们不确定人们为何做出这种对抗，但我认为，这一观点对解答疑惑根本无用。

我的看法是，"爱"之中包含着三组对立："爱—恨"的对立、"爱—被爱"的对立以及"爱恨交织—折中的情感"的对立。其中，第二种对立，跟我们前面所述的主动转变为被动的关系是一致的。也可以说，它与视淫本能的最初阶段所体现出来的"自恋"情形相似。在这一状态下，视自我为客体或主体的个人会决定是否寻找一个外部对象，于是，他的爱就会表现两种不同的形态：一种是主动的爱，另一种是被动的"被爱"——这种情形跟"自恋"的关系仍然很密切。

如果我们联想到个体的心理其实也存在三种对立：主体和客体的对立，即自我和外部世界的对立；愉快和痛苦的对立；主动与被动的对立——那么，我们对爱的三种对立会有更清楚的认识。

如我之前所说的，在个体的早期发展阶段，就出现了自我与外部世界的对立。比如我们之前的一个看法：当外部刺激发生在我们身上时，我们可以通过肌肉运动来消除它，但是这种方法对内部刺激毫无作用。自我与外部世界的对立是我们每个人都无法避免的，这种对立凌驾于我们的思维范畴之上，对它的研究也是我们当前必不可少的基本内容之一。

至于第二种对立，即"愉快—痛苦"的对立，它其实是以系列感情为基础的。我曾强调过，这一对立关系对我们的行为意志具有重要的决定作用。建立于一套情感系列，它在决定我们的行动（意志）方面具有至上的意义，对这一点，我们已作过强调。

在讨论第三种"主动—被动"之间的对立时，我们首先务必明确一点：它与自我同外部世界的对立是不同的，不可混为一谈。在自我与外部世界的对立关系中，当自我接受了外界刺激时，它就是被动的，但如果它对外部刺激做出了反应，那么它就是主动的。无论如何，自我本能总会迫使它自身对外部世界做出一些主动反应，从这点来说，如果我们非要定义物质的特性的话，那么或许可以这么说：在外部刺激看来，自我是被动的，但是从自我本能角度来看，自我又是主动的。当主体后来遭遇男女两性间的对立时，这种主动与被动的独立关系会与前者融合起来。如果两者没有融合的话，那么从心理学方面来说，"男性—女性"间的对立就没有任何意义。从生物学来说，人们常常认可这种融合情况：主动性和男性的结合，被动性与女性的结合。然而，事实却与我们惯常认为的那样有所不同，也就是，前面两种结合情形并非是固定的，也不是各自都是唯一的。

在一般人看来，我们上述讨论的三种对立，会以各种不同的方式紧密关联着。其中一种关联方式，可称之为最原始（最基本）的心理状态。这种关联方式，就是三种中的两种交合在一起。当第一个心理状态产生后，自我本能以自身为对象，所以它能够从自我身上获得自足。这种状态，也就是我们所说的"自恋"，能实现自我满足的那种能力，则被我们称为"自身情爱"。在自恋状态中，外部世界对实现自我满足没有多大作用，其价值属于中性的可有可无，因此也难以引起自我的兴趣。此时，自我与能够使之快乐的物质，以及外部世界与那些无关紧要的东西，这两种关联情况是一样。据此，我们可以定义"爱"的概念：当自我同它的快乐源泉发生了关系，这种关系也就是我们所谓的"爱"。根据这个定义，自恋现象也就成了包含有"爱"的两级对立的所有关系中的最基本的一种。对此，我们可以这么解释：

当自我仅从自身就满足了情爱需求时，外部世界对它来说就是不必要的。然而，自我保存本能积累的经验又提醒它要去寻找外在目标。在这一矛盾之下，本能刺激会使自我在一定时期挣扎、痛苦。最后，出于"快乐原则"，它会寻找能够实现快乐满足的外在目标，并将它"送"给主体。这一外部对象被主体的"自我"吸纳后，用弗朗西斯的话来说，就成为了一种"内向投射"。与此同时，那些存在于自身内部的会带来痛苦的东西，也会在投射机制的作用下，由自我投射给外部世界。

如此一来，主体就发生了这样的变化：一开始，它遵循某种标准，总是把"现实—自我"即外部和内部分开。现在，它把快乐的价值看得高于"自我"的价值，于是"自我"也就是变成了"快乐—自我"。对这么一个自我来说，外部世界有一部分可以给它提供快乐，它也会吸纳这些快乐，而有另一部分却是它所不愿意接受的。此外，从它自身投射到外部的它自己的一部分，也会给它造成伤害。经过这么重排后，就会出现自我同快乐、外部世界与痛苦这两组融合情况，而后一种融合的效果，在早前被视为是中性的。也就是说，当自恋中的主体被外部对象干扰时，它便产生了与爱对立的恨。

我们说过，自我的外部对象，最初是由生存本能从外部世界提供的。由此，我们就得承认一点："恨"的出现，其实代表了自我同外世界的异己部分——它所不愿接受的，会制造痛苦的那部分——之间的对立关系。至于中性状态，我们可以认为它是"恨"或"丢弃"态度的特殊例子：先有了它，才接着有"恨"。所以说，最初的"外部世界""对象"以及被"恨"的东西，本质是一样的。后来，它们为主体提供了快乐，才具有了"可爱"性。

然而我们同时发现，亦如"爱—没有感情"的对立会反映出"自我—外部世界"的对立一样，"爱—恨"的对立也反映出了"快乐—痛苦"的对立。也就是说，当"对象"侵入了自恋阶段，快乐和痛苦的并存对立，也就意味着自我同对象建立了同样的关系。当对象能给主体带来快乐时，主体就会产生吸纳对象，使之与自我融为一体的"运动"倾向。人们评价这种能充当快乐源泉的对象时，就会说它具有吸引力，或者说自己爱这个对象。反之，当对象给主体制造痛苦时，主体就会想拉开自己和对象之间的距离。这时候，两者之间的情况，正如自我想躲开外部世界的异己部分，以避免伤害。此时，对象也会让我们感受到一种"排斥力"，使我们对它产生恨意。当恨意继续增强时，我们甚至想消灭掉对象，于是也就有了侵略性倾向。

　　当外部对象使我们的本能得到满足时，我们可能会说本能"爱"这个对象。然而说本能会"恨"某个对象，却让我们觉得不可思议。这使我们注意到，爱或者恨，并不是本能同外部对象的关系的特点，而是整体自我同外部对象之间的关系的特点。所以，在我们表达感情时，总有一些语句只是跟爱或者恨有关而已，但又不是绝对的爱或者恨。由此，我们就会发现"爱""恨"含义的局限性。比如，对一些有利于自己的事物，人们不会说"我爱它"，可能是说"我喜欢它"或者"我赞成它"。这样的语句表示的"爱"的程度较低，更表达了自我对这些事物的需要。

　　如此，"爱"的定义就逐渐显现出针对性。最初，它代表了对象会给自我带来愉悦。随后，它指向的是主体的性爱目标。最后，它指向的是一种更高级的对象，这个对象可以满足主体的性本能升华之后的需要。

　　心理学上会把自我——本能与性本能区别开来，我们的讨论也正是这么做的。这种做法其实同我们表达感情的用语习惯是一致的。比如，我们不会说"性本能的某一部分"爱它的对象。因为，当我们谈到"爱"时，是以整体自我与性对象之间的关系为基础的。也就是说，我们使用"爱"这个字眼的前提是：主体的各种性本能已经组合成一个整体，服务具有繁衍功能的性器官。然而，当我们谈到"恨"时，却不需要这种前提，也就是不用考虑性爱快乐和性功能之间的关系。恰恰相反，正是痛苦确定了这一关系的特性。当自我对带来痛苦的对象恨之入骨，乃至想彻底消灭它时，主体实际上已经不在乎它是否阻碍了性满足，或者它仅能满足主体自我保存的需要。也就是说，性生活并非是引发恨的根源，自我内部的冲突才是。

从以上讨论我们可以看出，人们对普遍认为存在对立的爱和恨，其实两者之间并无紧密关系。因为，它们并非来自同一个根源，而是自有根源，自有独特的发生过程。人们之所以把它们视为对立的两面，是因为他们受到了"快乐—痛苦"之间的关系的影响。

"爱"的起源是主体通过"自我享乐"方式获得性满足的能力。一开始，主体的"爱"是一种自恋形态，后来"爱"指向主体吸纳到自我之内的外部对象。接着，"爱"的范围逐渐扩大，成为一种对所有快乐之源的追求。它与较晚出现的其他性本能活动有着密切的关系，当这些性本能融合成为一个整体的性本能时，它也同主体的性欲结合为一体。

在一开始的时候，"爱"会呈现出短暂的性目的。但是，我们要注意，复杂的性本能却最终会消失。不过，这两者仍有关联。观察爱的最初阶段，我们会发现爱的某种形态："吞并"现象，即消灭对象异己部分。这种现象，我们称之为"矛盾心理"。在发展到更高阶段后，爱的形态表现为主体对对象的追求，这种追求中包含着主体想要控制对象的欲望。在这一阶段中，主体对异己部分的存在无所谓了。所以说，一开始的时候，"爱"表现出来的形态跟"恨"是极其相似的。只有当生殖系统全部发育后，爱恨才出现了对立。

相对于"爱"与对象的关系，"恨"与其对象之间的关系出现得更早。"恨"根源于自恋阶段中的主体对不断给它刺激的外部世界的排斥。也就是说，外部世界的痛苦作用于主体中，使主体产生了"恨"。可见，它一开始就与生存本能存在着密切的关系。也因此，性本能和自我本能后来就自然而然而出现对立，并衍生出了爱恨之间的对立。当自我本能控制了性本能，"恨"便被转移到本能目的上。

经过对爱产生的根源及其过程进行分析后，对于爱展示的"矛盾心理"，即主体在爱的同时会对同一物体也产生恨这种心理，我们已经知道其真相了。我们认为，爱恨交加的情形，在爱的最初阶段中就已经出现了。在这一阶段中，自我本能的厌恶、痛苦反应中，就包含有爱恨交融的部分情感，而且这种情感从未消失过。受这一情感的驱使，自我本能会在自我利益和爱的诱惑之间反复衡量并选择，最后，主体产生的确切动机会进一步支持自我本能。从上述两种情况看来，爱夹杂有恨，其实是出于生存本能的需要。当某人与其所爱对象的关系破裂时，我们就说这个人的感情由爱转为恨了。这种说法其实是错误的。我们可以从对"施虐欲"的描述角度去理解这种转变：关系破裂后，爱返回到施虐欲的初始阶段，因此，那种对外部世界的恨也随之增强了。这时候的恨其实带有情欲在里面，目的是继续维持之前爱的关系。

"爱"的第三种对立，即"爱—被爱"的对立，其实是由"主动—被动"之间的转换而出现的。因此，我们可以采取讨论施虐欲和视淫欲的方法，来分析这种对立，在此也就没有阐述的必要了。

最后，我们可以对本文所有讨论的内容做这么一个总结：本能蜕变的过程，受到支配主体心理的三组对立的控制。我们可以认为，这三组对立中，"主动—被动"一组体现了生物性，"自我—外部世界"一组体现了现实性，"快乐—痛苦"一组则体现了经济性。

此外，我们还认为本能的总蜕变过程是"压抑"性的。我们将在其他的文章专门讨论这一论点。

第五篇

爱情心理学

精神分析法表明，原欲没有顺利成长，未达到正常的地步，是导致"阳痿"的原因——不仅是指男人，女人也一样。爱与性的相背离，是性道德和性文明堕落的表现。

第一章·男人选择对象的原则

促使一对男女"恋爱"需要满足一个什么特别条件？换句话来讲，就是男人和女人怎样去判断对方是否可以成为自己的恋人？如果在现实生活中没有找到合适的恋人，那他们要通过怎样的幻想去满足自己的需求？最适合回答这个问题的恐怕是文学家们了。文学家们能犀利地感知和透彻地分析人们的内心世界，而且他们勇于直面自己的无意识心灵。只不过在追寻真谛方面，他们的作品往往没有达到预期高度。原因如下：他们要面对一些阻碍，不但要让读者的情感受到感染，而且要让他们理性上、审美等方面激发出快感。因此，他们就无法直截了当地表达自己的观点了。

举个例子：为了避免受到无足轻重的阻碍，他们必须删减一些事实，然后用别的材料来填充，力求达到全面的一致性。这就是所谓的"诗的特权"（Poetic Licence）。文学家们忽视心理的来源、产生以及发展等方面，仅仅是描绘生命。在科学的帮助下，我们对他们遗留千年并耐人寻味的东西不断地钻研，就是为了解开谜底。不过，解开谜底的过程不是一帆风顺的，结果也许令人开心不起来；从另一方面来讲，正是因为这样，我们恰好论证了探究性爱或者其他方面的科学性，而不是艺术性。随着研究的逐步深入，我们会更深地了解到，对于一些违背"快乐原则"的行为，人们所能做的达到了多高的程度。

精神分析家可以在医疗心理病患者的过程中，深切了解情欲世界。他们留意到，患心理病症的人中，还有一些人居然身体健康、智商出类拔萃。如果幸运地注意和找到充分的资料，精神分析家就可以有条理地将男女各种形式的恋情分门类别。

男人在选择性爱对象的时候，是多种多样的。我要说的第一种，他的恋情相当特别，每每令旁观者百思不得其解，但是我们仍然可以结合精神分析法去诠释它们，并获得相对满意的解答。

一、此类男人对爱情的选择方式，有一个明显而又必不可少的特点。这个特点可以帮助你归类他是怎样的男人，倘若你持续探寻，还会察觉到这种男人身上的另外特点。对于此类男人的选择方式，我们可以总结为"无论如何，总会有第三者受到他们的伤害"。就是说，少女、寡妇等这类有情感依附的人不可能成为他们的选择。相对的，他们都钟情于已经有了或者有过丈夫、未婚夫和情夫的女人。有一些非常的案例表明，除非她们和其他男人有了这些情感关系，否则单身的女子不但无法得到他们的青睐，而且有可能会被轻视，不能得到他们的爱。

二、第二个特点更为罕见却又受人关注。第一种特点可以作为首要条件独立存在，但是它也可能跟第二个特点在不同程度上结合。第二个特点就是：他们不会被单纯良善的女性所吸引，那些性生活不检点、纵情声色的女子，更容易诱惑他们。这些女子的差别太大了，什么样的都有，比如艳名远播的有夫之妇、跟妓女差不多的大众情人等。他们就喜欢这样，可以说是只爱妓女。

由此可见，他们的爱情与上述条件是分不开的。第一种是当他与其他男人抢一个女人的时候，两人之间的对抗可以让他感到满足。第二种情况，他则会产生妒忌情绪。这种男人越嫉妒就越容易产生感情，随着嫉妒的高涨，对方就越重要。他们总是草木皆兵，一有蛛丝马迹就乱吃飞醋。新朋友、可疑的陌生人都是他妒忌的对象，反而不是那个女人的丈夫。她是单身的，他反而不喜欢，就喜欢三角关系。我见过一个病人，他宁愿情妇结婚，却不愿她在外面和男人勾三搭四。哪怕过了很多年，他也没有一点妒忌。还有一个病人，他本来是十分反对初恋情人的婚姻的，渐渐地，他反而习惯了，觉得没关系了。

以上所讲的，是男人喜欢选择什么样条件的女人。我们即将要讲的，就是男人在恋爱过程中，是怎样做的。我们归类了两种情况：

一、正常说来，个性放荡不羁的女人是难以讨男人喜欢的，贤淑自重才受男人尊重。然而，有的男人却很奇怪，他们对那些轻佻的荡妇十分痴迷，以至于到了疯狂的程度。在与这样的女人的爱情中，他们流连忘返，难以自拔。他们坚持，这样的女人才是值得自己付出爱情的。他们深陷其中，觉得这才是真爱，并要求对方保持感情的忠诚。然而，他们的爱情注定要遭受痛苦的折磨，历尽艰辛。其实每种恋爱总带着点儿强迫 (Compulsion) 的色彩，只是这种男人会更强烈一些，如果他爱上一个女人，而且非她不可，他们的强迫行为就一发不可收拾了。他对待这份恋情是真心并充满热情的，只不过它不是唯一。随后，这种情况会反复出现，而且相差不大。也就是说，他们的情妇不是一成不变的，随着环境等各方面因素的改变，他们就会换另一个对象，于是他们都累积了丰富的经验。

二、让人惊讶的是，他们极度希望自己是对方的救星。他们自信地认为，自己是对方的支柱，没有了自己，她们肯定会过得很凄凉。所以，自己有义务去保护和约束她。当女人习惯了放纵自己，得不到信任，或者活得很艰难，保护她确实无可厚非。不过，他们显然不考虑这些问题，只是盲目保护。我就见过一个人，他用尽一切办法去诱惑一个女人，甜言蜜语，温柔呵护。得到这个女人以后，又采取一切手段要求她忠诚、专一。

讲了这么多特征，现在来回想一下它们：他们喜爱的是别人拥有的女人，而且一定是放浪的；他们的妒忌情绪总是十分强烈；无法由始至终坚守一份感情；他们对女人有强烈保护欲望等。虽然很难从中找出一个特定的基本特征，但我们用精神分析法代入到他们的性生活中去，结果还是可以的。我们可以看到，正常男人对爱情的选择和恋爱模式，在根本上和他们的有很大相似之处，都来源于婴儿时期的恋母情结。恋母情结的表现形式是多种多样的，上述的是其中一种。诚然，正常人很容易就选年纪比他们大的女人，因为这些女人通常都带有"母性"。不同的是，正常人最后会轻易摆脱母亲作为情人的意识，但是这些人却不一样。他们把自己的原欲热情过多地投注在母亲身上，以至于直到青春期过去了，他们还是会爱上带有母性特质的女人。显然，她带给男人的感觉和母亲差不多，于是这个女人替代了他的母亲。这种现象有人将它比喻得很有意思：生产顺利的婴儿，头型通常是圆的；如果生产时遇到阻碍，婴儿在母体逗留时间长了，那么他们的头型看起来像在盆骨里面塑造的一样。

上述人群对爱情的选择和恋爱模式是因为他们有恋母情结，但仅这样说是不行的，我们还得证明为什么这样。第一个条件是很容易证明的，爱上从属于其他男人的女人，或者一定有一个在感情中受伤的第三者。由此可以推断出，男孩子在成长过程中，他知道母亲属于父亲，所以她才能成为母亲。谈恋爱的时候，他把女方视作唯一，一心一意对她，这种想法都是受到少儿时期的影响。母亲只有一个，是无可取代的，他十分乐意与母亲亲近。

倘若这类人爱上对方只是因为她是母亲的替代品，该怎么解释另一种矛盾呢？这个矛盾是这样的：这类人看似一生只死心塌地爱一个女人，但难免变心爱上别人。曾经，我们从各方面的精神分析中发现了一个定律：当人迷恋上一样独特的东西，潜意识会促使人为此行动，不懈地去追求。原因是替代品永远取代不了真品带给他的满足。小孩子渐渐长大，会变得喜欢问问题，我们这样解释它：小孩子只想问他们关心的问题但总也说不出口，只能不断发问。它也可以解释那些喋喋不休的精神病人的行为，他们是因为心中有负担才整天说个不停，却无法将心中的话表达出来。

第二个爱情选择条件就是，对方必定是水性杨花的。这种女人的形象看起来与母亲的形象完全不符，照理说不应该成为男人的性对象。正常说来，在一个成年男人的心里，母亲是神圣的，不可侵犯的。和别人谈论的时候，如对方怀疑自己母亲的美好品德，就像受到了侮辱。如果他也不信任自己的母亲，内心会十分难受。母亲与妓女品德上的明显差别，引起我们极大的兴趣，我们决定探究男人迷恋她们的发展历程。我们很早就发现了：恋母情结和迷恋淫荡女人这两种意识（与潜意识不同）所排斥的东西，在潜意识中可能是来自同一根源。在孩子青春期到来之前，他们就知道什么是性生活了。关于性生活的描述，他们用的词都是消极贬义的。初次听到这些事情的小孩，都不能接受而且会反驳，认为自己的父母是不会做那种事的。

自从认识"性"，他们还发现生活中有许多女人会通过性交易来维持生活，而这样的女人通常被人们轻视。他们都不明白为什么会这样，当他知道自己可以与女人发生性行为的时候，又期待又担忧。于是，就接受了父母也是有性生活的事实，哪怕它是丑陋的。他们自嘲：既然女人都是这样的，母亲和妓女就没什么不同了。而且，当他认识到这些后，小时候的性欲和感情就一一复苏了。然后，他们又再渴望与母亲亲近，并把父亲看成仇人。这表明，他又被俄底浦斯情结困扰了。问题是，他不可以与母亲发生性行为，只有他父亲可以。为了排解生理上的冲动，他就会想象自己和母亲发生性行为。在他的幻象中，母亲的形象改变了，变得很奇怪，但它会带来性刺激，让男孩最终以自慰行为结束幻想。男孩爱着母亲的同时是恨着父亲的，他总是想象母亲的奸夫，应该和自己差不多，而且可以和父亲抗衡。男孩这些幻想不过是他们的自我意淫而已，他们的这种情况，用我曾在其他地方多次提到一个词来说，就是"家庭浪漫史"。了解孩子这段时间的心理特点后，我们就可以知道，男人为什么喜欢选择轻佻的女人了。这种现象的特殊性和相对性可用恋母情结解释，而这类男人明显是早期时候曾受到性欲的深刻影响。由此可以看到，他成年后的做事方式都是童年时期的缩影，当然，这个和以前经常手淫也有关系。

拯救爱情的意识和现实的爱情观念，是没有关系的。哪怕有，也不严谨。换句话来讲，一个男人爱上了一个轻浮的女子，就感到有义务去守护她。他必须让她学会洁身自爱，不要再犯错误。因为，如果不拯救的话，他所爱之人的放荡纵情，必定会使他陷入难堪的境地。我们通过对遮蔽性记忆、幻象以及梦境的观察，发现他的这种解释不过是对潜意识动机进行了"合理的处理"（在羞于承认自己某种行为或思想的潜在动机时，便在无意中用看似合理的理由来掩饰）。这种处理，就像梦的继发性加工这种（梦要显梦。隐梦是梦的愿意，不符合道德规范，为瞒过"自我的检查，就乔装其形态，即从隐梦化为显梦"。这一过程称为"继发性加工过程"），其成效是相当成功的，以至于瞒过了我们。当然，男人们的这种"拯救"观念，也有其独特的原因和重要性。它的产生根源，其实仍是因为男孩的恋母情结，更确切地说，是"双亲情结"。可以这么解释：

父母给予孩子生命，小孩子知道后，会感激，而且盼望长大之后可以报答父母。例如，一个有自尊的男孩子会说："父亲给了我什么，我长大以后必定会归还的。"于是就编造出各种想象，如拯救身陷险境的父亲，报答养育之恩后离去。通常，进入意识中的这些幻象是经过了伪装的，于是，他在想象中救了的人，通常不是父亲，反而是帝王之类举足轻重的人物。这些想象力常常都是著名诗作的题材，在这些作品中，救了父亲表示维护自己的尊严，如果是救了母亲，就表示感激。因为母亲把他生出来，是无法用物质衡量的。

但是，我们并不认为上述拯救母亲所暗示的意义就是确定的。因为，即使处于意识中的概念，许多观念也是有歧义的，更不要说潜意识了。所以，男孩潜意识中的拯救母亲的幻想，也可能发生改变，但最终还是为了实现感恩的愿望。而它改变的方式，无非就是给她一个孩子，或者让她再生一个孩子，而且，这个孩子必须跟男孩自己相似。虽然方式变了，但这种改变后的方式跟原来还是有相似之处：母亲给了他生命，他就以生命回报母亲。当这个用来作为回报的孩子越像自己，这越能表示他的感激。所以，男孩"拯救"母亲的本质是：

在他的想象中，他把自己看成了是父亲，于是他的原欲、喜好、感激之情、其他欲望包括自尊自立等都得到了满足。在发生这种转换后，"拯救"的意味也还在。因为一个生命的出生和存活，本就是一件很冒险的事情。生命是在母亲受难之后得来的，反之可以说，它是在危机中降临的。所以，人们都讲人生的第一个危险是出世，事实上，以后遇到的种种危险，就是以为这次每次危险为原型的，也会引起我们的焦躁不安。苏格兰有一个传闻，是关于出生的危险的，一个叫马可朵夫的人，是从子宫生出来的，没有经过阴道，所以他不懂得害怕。

古时候，有个叫阿特米多鲁斯的人说过，人们做梦的类型相同，但是解读它要因人而异。他说得对，男人和女人在梦里面救了一个人，含义是不一样的：男人是想让人生个小孩并将其抚养长大；而女人，就是把孩子生出来。

在梦中或者想象中，特别是那些和水有关系的梦境或幻想中，"拯救"的意义尤其重要。男人梦到自己救了一个落水的女人，那就代表着他想使她成为一个母亲。由此可见，如果一个女人梦到她救了一个人，而且是个小孩，她就是孩子的亲生母亲。摩西神话里面，有关法老的女儿的描述也是这样的。在《旧约全书·出埃及》的第二章中写道：摩西出生时，埃及法老正在全城搜杀以色列男婴。摩西的母亲于是将摩西藏在了芦苇丛中，后来被法老的女人看见了，救回来作为养子，并取名摩西。摩西之意，就是"我把他从水中救出来"。

想象自己救了父亲，其实就是把父亲看作儿子，这里蕴含着儿子对父亲的感谢。在所有关于"拯救"的观念和双亲情节中，唯有渴望"拯救"爱人的类型是我们所讨论这类人的典型特征的。

我就不详细讲述是怎么得出这个结论的。我重点探讨具有代表性的典型例子，例如"肛门性欲"。大部分人是偶尔有几个特点可察的，只是偶尔的特殊现象会误导我们，不能理清头绪，我们只能从本质上探究。

第二章·阳痿—情欲退化现象

一、情感与肉欲的纠结

假如询问一位职业精神分析师，他通常遇到怎样的病人，他绝对会告诉你，除去那种十分复杂多样的焦虑症外，就是"心理性阳痿"，而且性欲强烈的男人是高发人群。这种病症主要表现为：开始了性行为，性器官却没有反应，但他是有性能力的，进行性行为的时候，也有强烈的欲望。这类病人也知道自己的毛病，而且只针对部分女人，和其他女人做爱的时候是完全没问题的。他感到是女人身上的某种特质抑制了自己的性能力，有时他还有一种在忍受着这种抑制力的感觉，似乎内心有种阻力在干扰着意识去行使自己的意向。不过，他搞不清楚为什么会受抑制，也不明白它是怎样引起的。当与同一个女人都屡战屡败的时候，他会惯性认为是第一次的时候造成的，每一次回想，他都感到忧虑不安，第一次失败的原因是什么呢？它是偶尔造成的吗？

很多精神分析学家发表了关于心理性阳痿的论文，而且精神分析学家的临床治疗证明了论文的正确性。分析认为，造成阳痿现象的，主要是阳痿者内心的某些无意识心结，具体来说，就是一种对母亲或姐妹的乱伦性固置无法克服。婴儿时代的痛苦经历和各方面原因导致了患者无法与女人发生性行为。

精神分析法表明，以下的性心理活动控制了阳痿严重者：原欲没有顺利成长，未达到正常的地步。这也许是病症的根源所在，神经症患可能也是这种情况。通常情况下，唯有情欲结合，才能形成健康的爱情。但是，这些患者却没法做到使感情和肉欲融合。这两种爱情因素，感情出现得较早，它一般说来是一种温柔而执着的，发生在儿童的早期，形成的基础是"自卫的天性"。家庭成员或者照顾儿童的人都是这种情感的特定人群。

不仅是儿童早期的生活，甚至分析成年的神经症患者的时候，都可以发现性本能就夹杂在这种感情里面，或者可以说，感情也是肉欲的一部分。实际上，它表明了婴儿早期对性对象的选择。接着，性本能会按照自我本能制定的标准，在自我发展的同时，发展性本能。最后，自我本能和性本能会同时得到满足。儿童的性本能成分，常常会借助双亲或者保姆对他的疼爱，倾注于自我本能中。这是因为，这些人对他的疼爱之情，往往包含着一定的色情成分，比如，他们会把小孩当做是性的玩物。如果小孩在自我本能中倾注的色情成分达到了一定程度，就必定会影响到小孩未来的性发展。当然，造成影响的，还有同时期的一些指向这同一个目标的其他环境因素。

到了儿童期时，婴儿这种对亲人之爱的固置，也会吸取色情成分。不过，这一时期的色情成分还是不明显的，在表面上，看不到它们的性目的。随着青春期那种强烈的肉欲成分不断深入这种情感中，这些情感的目的也不再那么隐蔽，而是逐渐显露出来，并朝着它们早期既定的目标发展，即将当下那强烈的原欲投射在婴儿期的性对象身上。然而，因为社会中早已存在防止乱伦的牢固堤坝，因此少年与其性对象就绝无可能发生性关系。由此，他的原欲会试图尽快放弃这一性对象，转而寻找另一个，以便建立起可实现的性生活。一般说来，他们初次选择的新对象会类似于其婴儿期选择的性对象，也就是他们可以从这一对象身上获得那种原本应来自于母亲的柔情蜜意。正如《旧约》所说的，男人们必须离开双亲，与他的妻子在一起。这时候，他的情欲结合为一体，只要沿着这条正常的道路发展下去，肉欲那强大的感受力量就会使男人觉得他的爱情对象犹如天仙般曼妙。其实，这种对性爱对象的高估，对男人来说本来就是家常便饭。

有两个因素会造成原欲不能正常发展，其中一个是性对象的寻找困难。如果一个男人在现实中寻找第一个性对象就受到了挫折，或者他无法找到合适的性对象，就谈不到所谓的"选择新对象"了。第二个因素是他对婴儿期时性对象的迷恋程度太深。程度越深，说明他在幼童时期的快感投注就越高，反之亦然。他必须摆脱这种迷恋，才能将情欲倾注在新对象上。

神经症的产生机制，跟上述两个因素有着重要的关系。当性对象的选择出现困难时，原欲便会从现实世界中抽离出来，沉迷于幻想中，并强化婴儿期性对象的形象，将自己的原欲固置于这一形象上。但是，因为社会是禁止乱伦的，所以患者对性对象的原欲倾注，只能表现在潜意识中，其肉欲激情也只能在潜意识中发挥。当这种意淫行为会给患者带来性满足时，其固置倾向也会越来越强大。如果一个人在现实中寻找外在对象失败了，便以幻想代替，而事实上，这种用意淫来代替现实活动的自慰行为，虽然个体幻想的对象是外在对象，但它本质上还是原欲性对象的代替，本质上并无区别。在经过这种替代后，幻想会进入意识中。也就是说，代替并不会促进个体将原欲转向外界，患者潜意识中的情欲对象仍然是那个在婴儿期就固置的乱伦对象，他的原欲仍固置于乱伦的幻想上。如此发展下去，就可能会导致"彻底的阳痿"。当然，在造成这种结局的过程中，患者性器官比较弱也可能是因素之一。但是，这一因素是次要的，它只会让上述两个因素更明显。

上述两个因素的综合后果如果不是那么严重的话，就会导致我们所说的"心理性阳痿症"的产生。身体性欲并非一定要寄托于爱情之中，当它非常强烈时，有可能会冲破现实的阻碍，找到发泄的出口。这种症状会使一个人的行为表现得非常明显，所以很容易被人识破。通常情况下，当性本能抛弃了它应包含的精神元素时，它会表现出这样的特性：多变、容易激动、笨手笨脚。尽管它有可能找到发泄出口，却不会从中得到很多的快乐。最重要的是，由于它对情感的极端逃避，会使得性对象的选择被严格限制在一定的范围内。一般说来，由于主体的原欲所具有的情感能力，已经被乱伦欲望破坏，所以，原欲会寻找那些不会激发主体情感的性对象，反倒不会寻找那些会令主体心生爱慕或尊重的女性。在这种情况下，虽然他也知道那些高雅的性对象非常值得去爱，但她们很难对主体产生色情方面的催情作用。

可见，患心理性阳痿症的人，他产生了两种不同的爱情倾向。一方面，他要求一种具有艺术气息的爱情，也就是圣洁的、脱俗的、类似柏拉图式的精神层面上的爱情。另一方面，他又苛求凡尘的爱情，也可以说是兽性的爱情。这样就会造成这么一种结果：他自己真正爱的人，难以激起他的性欲，而那些可以激起他的性欲的人，他又不爱。实际上，他总是寻找后者代替前者，以防止自己的"肉欲"玷污了自己多爱的人。可以说，他受到了"敏感的桎梏心灵"和"被抑制的东西的复苏"这两大定律的控制。当在寻找性对象的过程中，遇到一个与他潜意识中的性对象即母亲的形象相似的女人时，他会因为这个女人的特征而想起自己的母亲。然而，对乱伦的抑制又使得他必须放弃这个性对象。他的这种"应该拒绝的女人"的想法，导致了心理性阳痿的出现。

心理性阳痿症患者，因为其性对象与其乱伦幻想中的性对象相似，所以往往会高估前者。可见，如果患者想要避免自己遭受痛苦，就必须降低自己对性对象的评估。当他拉开了性对象与其乱伦对象的距离，他的肉欲就会正常发挥出来。被抑制的性本能爆发后，快感也会很快达到高潮。

值得一提的是，造成心理性阳痿的因素还有另一个，也就是，这类患者追求的是一种异于常人的性行为。正常人是情欲结为一体的，但这类患者认为这样的性活动没有趣味可言，他们想要那些异常的、错乱的行为。不过，考虑到面子问题，他们还是会以异性为性对象，而且是一些他们看不起的、地位卑贱的女人。

在前一章中，我们曾提到男孩会在性幻想的过程中把自己的母亲视为妓女。现在看来，这种做法自有其动机。它意味着，男孩在潜意识中已经找到了一种方法。这个方法降低了母亲的形象，使之成为可以"玷污"的肉欲对象，于是为心理性阳痿患者的两种爱情倾向（至少在幻想上）搭建了一个平衡的桥梁。

二、待改革的性观念

前面我们的探讨一直从医学心理学的角度进行的，也许这个角度与我们的主题不符。但是，我们这么做是为了使探讨能够更深入一点儿，所以还是有必要的。

现在，我们已经清楚了心理性阳痿的发病原因：爱情中的情感和肉欲不能完美地结合。我们还了解到，这种性抑制的产生原因是这样的：在性发展过程中，患者受到了儿童期的早期固置影响和后来乱伦堤防的阻碍后，在现实中追求性对象时又惨遭失败。

对于上述结论，人们可能会发出强烈的质疑：即便它能解释部分人的心理性阳痿症，但它并不能解释为什么有的人有同样的遭遇却并没有受到影响。在造成这种病症的种种因素中，如早期根深蒂固的固置、青春期乃至更晚的时候遇到的爱情挫折等，都是许多人都会经历的。按这个理论说的话，社会上应该普遍存在心理性阳痿现象。由此说来，这种情欲不能结为一体的性抑制症状，应该不算为一种病。

反驳上述质疑并不难，只需我们同意病因的"量"的程度会决定疾病的形成结果。众所周知，要想形成一种疾病，造成这种疾病的病因成分必须达到一定的"量"才可以。仅以这个显而易见的道理，我们足以驳斥上述的质疑。但是，我们不想用这么简单的解释来驳斥。相反，我倒愿意支持他们的看法，且还要指出：心理性阳痿要比他们所想的更为普遍地存在于文明人的性生活里，也就是说，每个人都或多或少地具有这种病症。

当我们扩大了心理性阳痿现象的范围，那么这一病症所指的表现，就不仅仅是"有性欲望、性器官也正常，但就是不能勃起性交"这一种了，它还包括其他不明显的现象，比如精神衰弱症患者虽然能够勃起性交，但他们感受不到丝毫欢愉。这种现象同样普遍存在，而且其程度超出了人们的想象。精神分析法在对这种病症进行分析后发现，其发病原因与我们所说的狭义心理性阳痿的发病病因相似。它表明，精神衰弱症的男性患者的性对象，往往是那些性冷淡的女人。这类女人的爱情倾向，跟男性心理性阳痿患者是一样，这两种人在社会中所占的比例也近似。不过，女性的这种症状相对不明显。而且，她们的性冷淡是一种包含了其他因素在内的更复杂的现象。

如果进一步扩大心理性阳痿的含义范围，把那些症状不明显的情况也列入其中的话，我们就会发现，当今世界里的男人，大多数在情爱活动中都带有心理性阳痿色彩。也就是说，很少人能够做到完美地将情欲结合为一体。在自己所爱的女人面前，男人总会抑制自己的性本能。唯有面对他不爱的、卑贱的性对象，他才会放纵自己的情欲。

当然，男人在自己的真爱面前抑制性欲的行为，还有其他因素。比如，他出于敬重，不愿向其所爱之人提出反常的或者过于放荡的性要求。如果他的妻子受过良好教育的话，他会更加羞于提出这种要求。而这无疑跟他的原欲是对抗的。因为，唯有全身心地放纵自己，性满足才有可能真正实现。如此一来，他就不得不去寻找那些行为举止放荡的、低等卑贱的女人。这些女人对他的生活毫不知情，跟他只是陌路，也不会批评他的行为。所以，在她们面前，他才可以抛弃道德上的束缚。可以说，这样的男人，把自己的情感给了心爱之人，却把自己的性能力给了其他的女人。我们在生活中经常看到，那些社会地位很高的男人通常会找那些社会低下的女人做情妇，甚至最后会娶来做妻子，其原因正在于此。这样的低等女人，可以使他们纵情享乐，获得心理学意义上的性满足。

我坚信，当今文明社会中普遍存在的爱情难题的根源，跟心理性阳痿是大概相同的。也就是说，其根源同样来源于两个方面：儿童期的乱伦固置和在现实世界追求性对象受到挫折。

这个理由听起来粗俗而有矛盾，但它却是不可置疑的。无论如何，男人唯有战胜对所爱女人的敬意，同时摆脱以母亲或姐妹为性对象的乱伦固置的影响，克服羞耻和罪恶感，他才能在爱情中纵情。而事实上，无论哪个男人，都很少能做到这点。早期的性影响总会让他在面对即将到来的性行为时打冷颤，想阻止性交的发生。在患这种神经症非常严重的男人看来，性行为是可耻的、不应该做的事情。这种想法无疑会带来不良后果。如果患者追究这种想法的源头，那么当他战胜抑制的阻力后，会发现这种阻力产生的根源是：青春期间，他的性冲动已经成熟，达到高峰，但是他既不能乱伦，也因为受阻而无法在外部找到合适的性对象，于是性抑制便产生了。

在当今的文明社会里，女人同样被"教养"所误导，且她们又受到前面我们所说的男人对她们的敬重，由此更加克制自己，所造成的后果也更严重。在这些有教养的女人面前，男人是羞于表现出自己的男子汉气魄的，这也许是因为他们在开始相恋之初，男人把她想得太清丽脱俗了，把她等同于仙女。然而，一旦占有了她，男人又会把她看得很低贱。不管是高估还是低估，对她而言没有任何好处的。

女人通常不会高估自己的性对象，因此她们也不必要降低自己对男人的评估值。但是，由于她们的性本能长期处于被抑制的状态，她们只能通过幻想来获得性满足，所以势必导致这样的后果：在性压抑的日子里，她们习惯了通过意淫来实现性活动，于是她们最终在精神层面上成为性无能者。当性活动成为合法行为时，她们已然成为了性冷淡者。由此，许多女人即便结婚了，在开始的很长一段时间内，她坚持认为这种合法的夫妻关系是令人羞耻的。而另一方面，有的女人则表现出叛逆。也就是说，她在正常的性关系中表现出性冷淡，但一旦有一种隐秘的、带有触犯禁律的性关系，她就会表现出极大的兴趣。这就像夏娃偷吃禁果一样，她能从偷情中获得更大的性感受，这种感受是她从丈夫那里无法获得的。

我认为，女人对犯禁的爱情的需求，正如同男人对性对象的低贱身份的需求一样。这两种需求的产生，都是在社会道德伦理戒律制定之后，性成熟与性满足长期相互作用后的结果，目的是为了克服情欲结合不理想时产生的"性无能"心理。但是，这个原因对两性产生的影响却有所区别。女性接受了漫长的等待，从不曾抵抗性抑制的作用，于是她们对禁律的触犯是以性爱为前提的。男人在这段时期中，却选择降低性对象的标准这样一种方式来冲破禁忌，而这种方式在他们往后的正式爱情生活中一直保存了下来。

今天，越来越多的人呼吁性改革。在这种情形下，我想再次提醒读者们，我们做的精神分析并不因为呼声而有所偏颇，我们的研究是公正的。在我们用精神分析法来探究患者的病根时，并不把我们的假设当作事实来强调，只是用各种事实、案例来推导出理论。当然，如果我们能够发掘有助于社会进步的真相，那是最好不过的了。但是，我们却无法预知，当我们发现并推出一系列利于改革的理论时，会不会导致改革过头，由此付出更大的代价。

三、性本能与社会文化之关系

以上，我们讨论了文明教育对爱情生活的限制会导致男人降低对性对象的要求。在本节中，我们将不再对这一个问题做论述，而是转为探讨与性本能有关的某些现象。

在开始讨论之前，我们先引用之前论述的这一现象：早期的性满足无法实现，会影响婚后本应自由发泄的性生活，使性满足仍是无法实现。以这个现象为基础，我们试想一下，如果情况颠倒过来，结果会是怎样呢？即假设情欲一开始就得到纵情发泄，婚后的性生活会是怎样的？我认为，情况会更糟。很简单的一个道理，情欲一旦容易满足，它自身就会失去价值。也就是说，要想维持原欲应有的兴奋度，一定程度上的对性的抑制是必不可少的。

许多历史案例表明，如果用来阻碍人们获得性满足的某种自然力消失，人们就会通过其他方式来制造另一个阻力，唯有如此，爱情才显得弥足珍贵。这个道理，无论对个体还是对于群体来说，都是一样的。比如，如果一个古老的禁律传统被取缔，使性满足的方式可以自由被人运用时，爱情就会变得毫无价值，人生也变得毫无乐趣可言。在这种情况下，人们必定制造另一种阻力，以挽回爱情的情感价值。正是因此，处于基督教文明中的爱情，因为总是被禁欲传统所限制，所以才显得至高无上。苦行僧式的禁欲，正是透过终生与原欲的抗争而显现出了意义。

由此，我们可能会联想到，我们的机体本能中不是也普遍存在着这种现象吗？在这里，当我们遭受的挫折越多，我们的本能欲望也就越强。我们可以假设有这样一个实验：让各种各样的一群人全部处于饥饿状态，使他们对食物的渴求同样急切。这时我们会发现，这些人的差异消失了，唯一相同的是，他们都被一种得不到满足的本能需求支配。而如果情况变成了他们的食物需求都得到了满足，那么结果会是怎样呢？他们的精神价值会随之降低吗？对此，我们可以用酒和酒鬼的关系来进行说明。

我们知道，每一次饮酒都会给酒鬼带来伤害和满足——在感性的诗歌领域以及理性的科学领域中，人们都以酒比喻爱情。然而，即便如此，酒鬼就会对他所钟爱的那种酒厌倦而寻找另一种酒吗？实际上，我们不曾听说过哪个酒鬼会这样。反之，越是长期地对一种酒上瘾，他对这种酒越是喜爱。难道你听说过这样的事情吗：一个酒鬼对自己的酒瘾厌恶了，为了刺激酒瘾带来的萎缩的快乐，他不得不迁居到一个禁酒的国家或者一个酒价昂贵的国家去？反正，我是从来没听过这种事情。相反，那些像伯克利一样的酒鬼，酒对于他们来说，就好比那些能给予他们性满足的情妇一样。

所以，人们对待他们的性对象为什么就不能像酒鬼对待酒一样呢？这听着很奇怪，但我认为，在本能中绝对存在某些成分，这种成分起到的作用就是使性满足不宜处于绝对的满足状态。联系本能在发展过程中所经历的种种坎坷，我们发现有两个理由可以说明前面所述的“成分”存在的合理性：

第一，我们说过，情感和肉欲这两大因素是性发展过程中的两大驱动力。但由于外界的干扰作用，以及乱伦障碍的设置，最终，在性对象选择上，主体所能选择的只能是原欲早期性对象的代替品。从精神分析我们知道，如果早期性对象在本能抑制作用下被主体丢弃了的话，那么后来代替它的一个个性对象，也是无法给主体带来完全的满足的。主体永远无法得到彻底的满足，就意味着其所选择的性对象的诱惑力是有期限的，所以人们就会不断寻找新的刺激。

　　第二，我们知道，性本能在最初的时候便融入了许多成分，或者说这些成分本来就是用来组成性本能的。但是，这些成分并非全部得到了充分的发展，其中有的会在中途被丢弃或者转为其他的用途，其中最鲜明的例子就是本能中的嗜粪欲（coprophilic-element）。这种本能的消失，大概是在人类学会直立行走之时。那个时候人类的嗅觉器官的用途范围脱离了地面，这本能也就与人类的审美观点有了冲突。另外一种在中途被丢弃的本能是虐待本能。

　　性本能成分被丢弃的过程，跟个体的心灵发展有感，受到心灵中较上层的和较复杂的结构的影响。但是，无论性本能，如何丢弃它的种种成分，在人类历史的发展过程中，那个最基本的本能即交媾本能始终保存着。因为排泄器官和性器官临近，两者无法分得很开，所以无论意识和心灵如何向前发展，介于尿道与屎道之间的性器官自始至终保持着它的重要性。用拿破仑的一句至理名言来说，就是"身体结构决定了人类的命运"。

　　人身体从头到脚的各个器官都向着美的目标进化，唯独性器官是个特例，依然保持原始的结构和样子。因此，无论远古还是现在，情欲的本质总是兽性的，想要改变这一点是相当艰难的。人类社会为改变这点做的努力，有时候过多，有时却太少。然而无论如何，这都是必须的。因为，人类文明要想有所成就，就必须在一定程度上牺牲这种兽性的部分快乐。正是这个原因，使得性冲动永远无法在性活动中得到彻底的发泄，人们也就因此处于永不满足的状态中。

　　基于上述讨论的种种理由，我们现在只能提出这样一个结论：要想使性本能需求和文明达成妥协，这简直是妄想。当文明越高度发展，人类越注定要承受一定程度的性方面的灾难，甚至要做出未来种族灭绝的牺牲。我们的这一悲观预言，是这么预测出来的：

随着文明产生的各种不满足感，是性本能在文化压制下畸形发展的结果。一旦性本能和文化达成了妥协，也就是满足于自己的不满足状态，那么它那些没得到满足的成分在升华作用下创造出更多的伟大的文明成果。反过来，如果性本能战胜了文化压制，人类的性欲得到彻底的释放，那么人类就没有多余的能量可以用来升华了。在这种情况下，人们沉溺于性满足中，社会也就无法进步发展。因此可以说，正是性本能和自我保存本能这两大人类本能的长时间的互相对抗，才激励人类文明不断进步。与此同时，这种对抗也给部分人带来焦虑和威胁，使他们患上心理疾病而难以自救。

虽然科学的目的不仅仅是警告和劝慰人们，但我本人不得不承认，本文所得的结论过于狭隘。从更长远、广泛的角度来说，人类可以从其他方面的发展来解决性本能与文明的矛盾。而这，也是我所希望的。

第三章·处女的禁忌

对于原始民族的性生活，我们会诧异其中的许多细节。比如，他们对处女的态度。不过，在说他们的态度前，我们先说说文明社会对处女的看法。

我们知道，在文明社会中，男人在追求一个女人时，非常在意她是不是一个处女。这种对处女的观念由来已久，几乎成为了一种自然而然的事情。然而，如果询这种观念的来由，往往男人们又不知道从何说起。事实上，是一夫一妻制导致了人们这种观念的产生，也就是其本质所在。因此，人们总是禁止女孩在婚前与其他男性发生性关系，以免留下永远的记忆。其实这是将控制女人的行为延伸到了过去的时代。

从上述论点出发，观察女性的爱情生活，我们会发现某些特征。有的特征看起来匪夷所思，其实极其正常，比如人们普遍看重处女这一现象。很明显的一个事实是，社会环境和教育的影响，会使少女们在性活动上总是保持小心翼翼的态度，避免自己跟男子发生性行为。如此一来，她们的情欲本能便会受到抑制。而一旦她大胆地冲破传统束缚，找到了一个可以满足她情欲的男人，她必定要对他托付终身，并发誓自己绝不会跟其他的男人建立这样的感情。可以说，女人对她所爱男人的这种"臣服"，正是来源于她婚前所承受的长期孤独。这种态度会被男人所利用，可以永远放纵地占有她，使她婚后能抵抗外界诱惑。

克拉夫特·埃宾在 1892 年首创了一个词语："性之臣服"。它的意思就是，有些人一旦和别人发生了性关系，就会十分依赖这个人，对他高度服从。这种"臣服"心理有时达到了极端强烈的程度，使人完全失去自我，不能独立生活，有时候甚至会为了情人牺牲自己。

我认为，男女之间的性关系要想维持，确实需要一定程度的依赖和臣服。此外，这种臣服的态度还有利于维护文明社会的婚姻制度，防止那些威胁社会稳定的一夫多妻的现象发生。从这个角度来讲的话，这种臣服也是值得鼓励的。问题是，这种"性之臣服"心理究竟是从何而来的？克拉夫特·埃宾指出，这是"一个非常软弱且又多愁善感的人"爱上一个非常自我的人的必然结果。然而，我们从精神分析层面去解释的话，结论却与此不同。

很显然，导致"性之臣服"产生的决定性因素，不是别的，而是克服性抑制所需的力量。也就是，如果这种力量非常强大，通过一次"致命的一击"就冲破了性抑制，那么性受阻的心态就会得到完全的改变，于是便形成了"臣服"。往往，女人比男人更容易在这种情况下形成"臣服"心理。男人按道理说应该较不容易这样，然而，现代社会中的男人却比以前更容易陷入这种心理。为什么男人会接受女人的控制呢？研究表明，那是因为在这个女人面前他发现自己摆脱了心理性阳痿的困扰。基于这个理由，他从此便臣服、听命于她。现实中，有许多婚恋以悲剧告终，其原因跟这种"臣服"心理的存在不无关系。

下面，我们回过头来讨论原始民族对处女的看法。有的人可能会认为原始民族并不在意一个女人在结婚的时候是否是处女，因为原始民族的许多女子在结婚之前就因为某种仪式而失去了贞洁。我认为，对于原始民族来说，夺取少女贞洁的仪式必定具有某种重大意义。也就是说，使一个少女失去贞操这一事情，已经成为原始民族的"禁忌"，正如同宗教中的某个禁忌一样，是任何人都不能触犯的。因此，少女的新郎也被列入了禁止的范围，以免他违背这个禁忌。

对于这种禁忌，有许多相关的文献，但是我在此不打算引用，也不愿在禁忌的讨论上深入。因为，目前我们所要做的，仅仅是要解释清楚，原始民族中存在着在少女结婚前弄破其处女膜这一习俗以及这一习俗的普遍存在。卡罗瑞就曾说过这样的话："在少女结婚之前为她举行一个特别仪式，在这个仪式中由不是她新郎的另一个人来弄破她的处女膜——这一习俗普遍存在低级文明的社会中，在澳大利亚尤其盛行。"

这很容易理解：要想破坏处女的贞洁这种事不在其结婚后的第一次性交中发生，那只能在其结婚前由其他人用某种方式来完成。对此，卡罗瑞在其《神秘的玫瑰》一书中有详细的论述。其中有的地方他的论述不是很清楚，在这里我要摘录几段：

"在迪雷部落以及其邻近的部落中，这样一种现象极为普遍：女孩子一到青春期就必须弄破她的处女膜。""在波特兰和莱尼格族中，新娘的处女膜常常由年老的妇女做手术弄破，有时候则请白人来和这个少女性交，以达成目的。"（见第 191 页）

"有时候是在少女的婴儿期便将其处女膜弄破，不过大多时候是在青春期……在澳洲，它常与性交仪式共同进行。"（见第 307 页）

"首先人为地弄破处女膜，接着让完成这件事的男人们依次和这个女孩性交——这个过程是公开的、仪式性的……整个仪式分成弄破处女膜和性交两个部分。"（见第 384 页）

"在赤道非洲的马萨（Masai）地区，女孩子在婚前必须去做一次手术。在萨克斯族（Sakais，属于马来西亚）、巴答斯族（Battas，在苏门答腊）和阿尔弗尔族（Alfoers）中，这种弄破处女膜的工作多数由新娘的父亲来做。在菲律宾群岛，甚至有人专门以弄破少女的处女膜为职业。不过，那些在婴儿期就由老年妇女弄破处女膜的少女，长大后就不必再经历这样的手术了。在因纽特族的某些部落里，唯有僧侣才能弄破新娘的处女膜。"（见第 349 页）

我认为，卡罗瑞上述举例有两大不足之处。其一，这些论述并没有说清楚"弄破处女膜"究竟是以哪种方式进行，即是以性交还是非性交的方式。仅有一处论述中对此进行了详细的说明，就是说先用器具弄破，然后再举行性交仪式的这一例子。另一个人——巴德莱斯（Bartels）收集的资料虽然也比较详尽，但同样没有说明这个问题。而且，由于他是基于心理学方面的兴趣来探讨"弄破处女膜"这一行为的，所以最后竟将这种行为归结为解剖学上面的事情。

其二，从上面的论述中，我们还是没有弄清，在那种仪式中的性交和平时的性交存在什么区别。以我手头掌握的资料来看，我认为只举现象而没有说清事情的这些人，要不就是因为害羞而避开真相不谈，要不就是因为他们不重视交代细节的重要性，所以没有描述这种行为的详细情况。我个人非常希望能从旅行家或者传教士那里获得更准确、更详尽的丰富材料，但是目前尚未发现能够做出回答的这类杂志。所以，针对我的疑问，我现在也不能做任何论断。

但我认为，这个问题提出的有关细节，我们是可以想象出来的。也就是，仪式中的性交活动，即便可能看起来不真实，但它一定是完整的过程，因为他们的祖先以前就是这么做的。有的地方的结婚仪式与此类似：新郎可以招呼他的朋友们放肆地挑逗新娘，或者安排一个被称为"男傧相"（Bestman）的人物。

接下来，我将要讨论这种处女"禁忌"的现象产生的原因。

第一个解释是：弄破处女膜会导致流血，而原始民族认为血是生命的源头，所以他们十分惧怕鲜血，将流血作为禁忌。这种"流血禁忌"（Blood-taboo）可以作为我们的第一个解释，它除了在性交之中存在，在其他方面也存在着，表现为各种社会规则。实际上，它是"不可杀人"的这样一种禁令的铺垫，代表了原始人的道德情操，以及他们对杀人欲望的抑制。受这样一种观念而产生的，除了处女禁忌，还有很多民族都具有的月经禁忌。对于月经的流血现象，原始人认为这是非常神秘的，怀疑是什么妖魔鬼怪在迫害女人们。在有的地方，女人每个月的流血特别是初次来潮，被解释成遭到了妖魔鬼怪的撕咬，另一些地方则认为是她们和某种精灵性交的结果。而不少资料都提到，很多原始人把这个精灵视为她的祖先。另一些资料则提出，祖先的灵魂常常附在经期中的女孩身上，因此这样的女孩令人心生敬畏，被视为"禁忌"。

现在看来，如果我们继续深入研究这种恐惧流血的心理的话，我们就不会认为它有多么重要了。这样的现象其实十分普遍，比如对男孩子做包皮割礼以及比这更残忍的对女孩的阴蒂及小阴唇的割礼等，在不同的民族中仍有不同程度的存在。此外，还有各种各样的以流血为目的的仪式。看上去，这些现象很明显都不符合"原始人恐惧流血"的心理，那么由此，出于对丈夫性生活的考虑而废除月经禁忌的行为，也就可以理解了。

第二种解释仍然跟性无关，其涉及的知识范围更广泛，且更具有普遍性。这个解释是这样的：

原始人的心理总是处于一种焦虑不安的状态，可以说他们一直在"焦虑地等待"着什么。他们的这种焦虑，正如同我们在精神分析学中提到的焦虑型神经症所表现出的那样终日忧心忡忡。这种状态，在他们发现不可理解的神秘事物时，表现得更加强烈。为了消除这种不安，许多人于是创造了许多牺牲或奉献的祭典和仪式。这种的祭典和仪式大部分保存在种种宗教仪式里，至今仍存在着。

当某个人要开展新事业或者他的人生要进入某个新的阶段时，如家禽要生产、要迎来丰收或者儿子即将诞生之时，他会在盼望新人生局面的同时，怀有极其不安的心理。他的脑海中幻想着新阶段可能出现的成功或者失败，使人变得焦虑不安，坐卧不定。为了获得神灵的保佑，安抚内心的不安，人们便在这样的人生时刻中想到用某种仪式或祭典来获得保佑。结婚仪式的重要性也在于此。第一次交合意味着人生的改变，所以对夫妻双方来说极为重要，必须事先用某种方式去保护它。这样的一种心理，其实同时包含了对新奇事物的期望和对流血的恐惧。这两个心理因素同时并存，并无对抗，而是形成正比地影响着对方。当期望越强烈的时候，恐惧也就越强。使这第一次性交成为人生路上的一大难关，而且必须流血才能冲破它，这就使这种期待的紧张有增无减。

第三种解释正如卡罗瑞所说：处女禁忌只是性生活中的一小部分，也就是说，并非仅有和处女性交才是禁忌，只要和女人性交，每一次都是禁忌，或更准确地说就是，女人本身就是一种禁忌。这并非是指女人性生活中有很多时刻都是必须回避性交的，诸如经期间、怀孕、生产、坐月子等，而是指男人要想和女人性交，必须克服各种困难。

那种认为原始人的性生活非常自由的看法，我认为相当可疑。原始人虽然也有无视这些禁忌的时候，但大多数情况下，他们并非如此。事实上，他们性生活的实现，必须经历各种麻烦的事情，其中的繁杂和艰难不是我们文明人所能想象的。比如，每当他们要出远门干大事，如远行、狩猎或者出征等，他们必须在出发前避开自己的女人，尤其不能与她们性交。因为，如果他们那么做的话就会消耗体力，可能导致在做大事时失败甚至遇难。出于保持精力的需要，即便是在平时，他们也是常常和女人分居的。所以，原始社会中，更常见的是男人和女人各自聚集，而不是像现代社会一样，一对男女各自组建他们的小家庭。

因为男人和女人的生活交集很少，因此一对夫妻的关系其实非常生疏，有时候甚至会出现不知道对方名字的情况，或者女人们另有一套她们自己的讲话方式。原始社会中男女分居的状态，在男性产生性需求时发生改变。但是，在有的部落中，即使夫妻之间有性交需求，性行为也只能在某处隐秘之地进行。

原始人设置的每一种禁忌，其实都表明了一种他们畏惧的危险事情。比如，上面所述的各种规范和避开女人的行为，就是出于对女人的恐惧。这种恐惧的来源，可能是因为男人觉得女人和自己有着令人难以理解的天壤之别，认为她们是神秘莫测的。男人害怕女人的种种特别之处，认为它们会给自己带来损害。比如，可能会把自己的力量偷走，或者将女人的特性传染给自己，使自己成为一个废人。他们之所以会有这样的想法，多半是因为他们在性交之后感受到一种全身无力以及一种莫名其妙的情绪失落。此外还可能因为，现实中经常会有一些利用性关系来控制和敲诈他们的女人，使他们觉得女人是恐怖的。

原始社会中的男人所具有的上述恐惧，看起来好像已经不存在于我们现代文明社会中了，其实不然。在每个男人的内心身处，这种恐惧仍然非常活跃。

当今有不少研究原始文化的专家坚信，原始人的性本能还非常弱，是无法跟文明人相比的。许多人反对这一说法。现在，从我们上面提到的禁忌看来，既然原始人认为女人是会带来厄运的有害力量，那原始社会中的男女情爱能达到什么程度，确实值得怀疑。

卡罗瑞在这方面的论述与精神分析家的看法完全相同，他还进一步指出，社会中的个体之间其实存在着"人身隔离禁忌"。它是指，人与人之间的关系，并不会因为个体之间绝大部分的共同特性而保持和谐，相反，因为人与人之间那占小比例的差异性，也就注定了人和人是互相孤立乃至对立的关系。从这个观点出发，联想到人很容易因为自己有不同于人的个性而陷入"自恋"，那么我们就可以理解为什么人都是自私的，往往很难跟别人建立亲情般密切的关系，也就是说，很难做到爱每个人如爱自己的亲人。

如果从心理分析去研究的话，我们会发现更多有趣的地方。比如，有的男人之所以自恋到无视乃至轻视女人的地步，是因为他们曾经有过的"阉割情结"。我们前面提到过，这一情结是恋母情结的一种。因为受到恋母仇父的情感支配，或者因为犯了某种错误，小男孩经常被威胁说"再不听话就割掉你的小鸡鸡"。于是，他们便在认为女孩们之所以没有阳具，是因为不听话或者某种原因被割掉了。这正是"阉割情结"的由来，这种情结使他对女人产生了特殊的看法。

论述到此，我们似乎偏离本节的主题太远了。即便我们看到"禁忌特征"是女人所普遍具有的，但是我们还是不理解为什么处女的第一次性行为会受到特殊限制。现在，我们仍只能用前面提到两个观点来解释，即对血的畏惧和对新奇事物的恐惧。然而，这两个理由并没触及到这种禁忌仪式的中心。也就是我们在本文前几段提到的：这种仪式，根本就是为了避免女孩未来的丈夫遭受随着第一次性交而发生的那件事情。我们在本文的前几段里对这件事情已经做说明，并且还证明了，这件事情的发生其实可以使女人更加臣服于她的男人。

关于这些性禁忌仪式的起源和意义，我在《图腾与禁忌》一书里讨论过，在此就不必再论述了。我在那本书中得出的结论是：所有的禁忌都跟一种矛盾情感（ambivance）（这是一种爱恨交杂、同时兼具好奇和恐惧的普遍心理，但更多见于原始人和神经症患者中）。至于它们的起源，应该是跟史前人类家庭制度的建立有关。但是，我们今天从原始部族那到的禁忌仪式，并没有原始的含义。把这两者联系起来，是非常错误的。我们知道，今天我们所看到的这些原始部落，虽然与我们文明社会有所不同，但它们也是经历了各种变迁而得以发展起来的，所以根本无法保存原始的单纯。

如同神经症病人会设置许多恐惧对象一样，当今原始部族的"禁忌"在经过发展之后，也已复杂乃至系统化。为了与新的环境融合，最初的禁忌动机已经演变为新的。但是，我们在此暂时不讨论这些新的动机发展，而是回到起点总结一下：

每当原始人恐惧某样事物时，就建立起一种对应的禁忌。他的恐惧是从精神上产生的，也就是说他畏惧的并不是真实存在的危险事物。实际上，他并不像我们现代人一样，可以分清哪些是精神威胁，哪些是实际威胁，也就是说无法分辨想象的危险和真实的危险。正因此，他也不注重这两者的区别。他以泛灵论的观点来面对世界，也就是把所有对自己有害的事物，如天灾人祸、洪水猛兽等，都视为有生命力和灵魂的，都是恶意的。另一方面，他又习惯把自己内心隐藏的敌意投注在他厌恶的或者陌生的事物上面。于是，被原始人视为危险和恐怖来源的女人，也就自然成为他的投射对象。剥夺其贞操对于他来说，就是更为恐怖和危险的事情了。

论述到此，我们已经渐渐清楚了原始人所恐惧的危险究竟是什么以及它为何只对女孩的未婚夫产生威胁。不过，要想对这个问题作出明确的回答，我们还要结合当今文明社会中的妇女生活进行分析，以与原始妇女相同处境妇女的行为为讨论的中心。在此，我可以预先透露分析结果：我们所说的上述危险，确实存在着。也就是说，原始人的禁忌并非毫无原因的，这种社会习俗帮助他们消除了精神上的焦虑。

我们知道，每当在性交中达到高潮时，她们总是紧紧地搂抱男人，这看起来像是一种感激的表达，表明她永远属于这个男人。同时我们还知道，女孩子在初次性交中通常没有美好的感觉。她兴奋不起来，也没有丝毫感觉。有些女孩可能经过一段时间后，会品尝到性交的快乐，但有的则会一直性冷淡下去，即便她的丈夫温柔又热情，也无法改变这点。据我所知，人们常常忽略女人的性冷淡，认为它是一件小事。但我认为，如果这种性冷淡不是丈夫导致的话，那肯定有别的原因，我们应该像研究男性的性无能一样研究这一问题。

女人普遍存在着对第一次性行为的厌恶，这是众所周知的。但我认为导致她们这样的原因很复杂，可以解释为女孩子们习惯了"保守贞洁"，也可以解释为其他。所以，我并不打算从这里开始分析。我认为，应该针对那些具体的病例进行分析，这样才更容易清楚女人性冷淡的原因。

有的女人在初次性交后会对男人产生一种强烈的敌对情绪，她可能是恶骂他一顿，也有可能是对他施行暴力行为，如拳打脚踢以及各种威胁。有的女人则更甚，不仅是初次性交后会这样，而是在每一次性交后都这样。我有这样一个病人，她确信自己非常爱她的丈夫，并时常主动向他求欢，每次做爱后也都非常满足。但同时，她过后又会非常憎恶起她的丈夫来。我认为，这种前后矛盾的行为，也是性冷淡的一种，不过它与通常的性冷淡有所不同。通常的性冷淡是纯粹的性冷淡，女人由于厌恶，发自内心地抑制她们的性欲，而且这种冷淡一般不会公开表现出来。这种病态性冷淡的发病原理，同我们多年前在强迫性神经症中发现的"两元运动"（Two-movement）的原理非常相似。我们由此得出的结论是：破坏一个女人的贞洁，必定会导致她的长期敌视。既然如此，她未来的丈夫自然就会避免成为破坏者。

通过深入的分析，我们发现，女人的这种矛盾性，在她的内心深处是有迹象的。我认为，她们内心的这些举动，也可以用来解释性冷淡。

我们知道，女人经过初次性交后，其他一些本不属于女性本性的激情也会被激发，其中有的激情可能在她们以后的性生活中都不会再出现。最让人注意的就是她们那种痛楚的激情，也许有人只满足于认为这是一种身体的痛楚，认为不必再找其他因素了，但我认为并非那么简单。身体的疼痛至于这样吗？

事实上，这种身体痛楚的背后，还有另一种创伤痛楚，即女孩的"自恋"心理受到冲击后的心灵创作。也就是，她们认为是圣洁宝贵的童贞失去了，于是产生了哀愁乃至愤怒。但是，从原始民族的祭典仪式中，我们发现有的做法却让我们认识到，这种心理痛楚并不是导致性冷淡的重要原因。我们前面提到过这样的例子，有的禁忌仪式分成两个阶段，一是用手或工具弄破处女膜，二是进行正式的性交或者象征式的性交，且性交的对象是丈夫之外的其他人。可见，这种禁忌仪式的目的，除了在于使新娘避免新婚之夜在精神和肉体上遭受痛楚之外，肯定还有其他的目的。

对现代社会的女人进行的分析表明，第一次性交和她们一直以来预想的有很大的出入，由于无法获得快乐，她们会产生强烈的失望。此外，由于她们的性行为在此前都处于抑制状态中，所以当这一发泄的时刻到来时，她们不免会感到羞耻，同时也有焦虑。许多青年女子都有这样的表现，当这一时刻即将到来前，她们的行为非常神秘。做爱之后，她们又对其他人羞于提起做爱时的那种奇妙感受，特别不敢向自己慈爱的双亲提起。她们还常说，爱情一旦公开，就没有价值了。这种感情如果持续发展以致成为畸形的话，那么它就会压制性本能的其他成分，从而影响婚后的情欲强度。这种女人认为公开的夫妻关系是乏味的，而只热衷那些具有危险性的地下情。她们觉得偷情这件事非常浪漫，能从中激起自己全身的激情。

以上我们所讨论的心理动机其实仍处于心理的表层，而且，它只是从现代文明社会中得出的一种结论，并不能用来解释原始文明时期的现象。"禁忌"的根本原因，仍需深入到心理深层结构中去寻找，即我们要从原欲自身的发展过程中去探究。

分析学已经证明，人们的原欲对象总是固置于婴儿期的那个性爱目标，这个目标从未消失过。对于女人来说，这个目标就是她的父亲或者代替她父亲的某个哥哥。这种依恋不会导向性交这一目的，最多也不过是女孩子会在内心深处幻想一下场景轮廓。如此，她的丈夫也不过是一个替身而已，并非她真正的爱恋对象。她的感情永远指向那个原始对象，在通常情况下是她的父亲。可以说，她不过是被迫让步，委身给了她的丈夫。

女人受到了恋父情结的固置作用，这种固置力量的强弱和持续性，会影响到她在性生活中对待她丈夫的态度，决定了她要不要给她丈夫满足，是要冷落他还是完全拒绝他。也就是说，恋父情结是导致女人性冷淡以及患上神经症的重要原因。当然，如果一个女人越具有理智，那么在性生活里她对原欲的抵抗就会越强烈。如果是在初次性交中的话，那么她就能抵抗住那种初次交合带来的震惊以及男人对她身体的占有行动。这样一来，她的神经症是被抑制了，但她却变成了性冷淡。如果她的丈夫刚好性无能的话，那么她的性冷淡就会越来越严重，乃至会引发别的心理疾病。

我认为，原始习俗对女人这种恋父情结的存在是非常清楚的，并且抱的是默许的态度。那些能够承担弄破处女膜这一任务的长老、僧侣或其他贤人，其实都是作为女孩父亲的替身出场的。备受批判的中世纪领主的"初夜权"习俗，与这种做法同出一理。对此，斯托尔弗（A. J. Storfer）的看法跟我们的一样，他还进一步指出了这样一个事实：在那普遍存在的所谓"托拜亚之夜"习俗中，通常只有父辈才能享有女孩的初夜特权。荣格（Jung）的调查与此一致。在许多民族中，类似的现象非常普遍：有的民族以代表父亲形象的神祇雕像完成这一初次交合的使命，在印度，新娘的贞洁就是被一个木制的类似生殖器的神像夺去的。据圣·奥古斯丁的记载，罗马的婚礼中也有这样的习俗，不过从记载中我们不确定是否在他的时代仍有流传。他提到，那里的习俗被简化了，新娘只需在那被称为普利亚的柏斯神（希腊的男性生殖器）上坐一下便够了。

在更深入的心理分析后，我们还发现了促使女人对男人产生爱恨交杂矛盾心理的另一个动机。这个动机应该是最为重要的，它还可以用来解释女人性冷淡。我们的分析揭示出，女人初次做爱时，除了上述各种感情，还有另一种冲动，它是一种跟女人机制和职责完全违背的心理特质。可以这么分析：

许多女性神经症患者有一个共同特征，就是她们在儿童期曾非常羡慕男孩身上能长出阳具，并为自己缺少这个东西而感到失落。实际上，她们并非没有，只是比较小。当然，她们并不知道这点。她们还时常认为，自己之所以没有这个东西，是因为她曾遭受某种虐待。女孩这种"阳具羡慕"的心理，我们同样可以视为"阉割情结"的一部分。如果承认这种羡慕之情表明了女孩"希望变为雄性"的话，那么"阉割情结"表明的就是"来自雄性的抗议"。"阳具羡慕"本为阿德勒（Adler）首创，但是他却将它用在了错误的地方，认为它可以解释所有的神经症。不过，我们倒是承认一点：发育期的女孩所产生的这种羡慕心理，必然会导致嫉妒的产生，表现为，她们有时候会学习男孩的样子，站着小便，以此争取与男孩的平等。

　　我在前面中就提到过这样的一个女患者，她在性交后对自己的丈夫厌恶无比。在我的分析看来，她的厌恶其实正是上面所说的嫉妒情绪引起的。在她的原始对象即父亲这一时期她还不知自己是个女孩，所以这一期也被称为"雄性期"。当后来的"恋父仇母情结"产生后，她知道了自己是个女孩。确立之前，她已经产生了"阉割情结"的，也具有了嫉妒情绪。但是，在正常情况下，如果小女孩能将原欲逐渐转移到父亲身上，那她就不会再对阳具抱有期望，而是希望能生出一个小孩。然而，在某些特例中，发展程序会颠倒过来，也就是女孩先确立了性对象，才产生"阉割情结"。然而，这也不足为奇，因为，女孩在"雄性期"产生的"阳具羡慕"本来就是一种原始的自恋，而并非一种"对象之爱"（Object-Core）。

　　再以另一个女患者为例：这个女患者是个少妇，她做了一个梦，经过分析，我认为这个梦反映的是她对失去贞洁一事的态度。在这个梦中，这个女人表现出想要阉割她的丈夫、摘除他的阳具的欲望。按照一般的思路，我们可以解释说，这个梦表达了这个女人幼年那个想拥有阳具的愿望。但是，梦中的其他细节却表明，它的性质是变态的。它预示了少妇婚姻必然失败，而发生在她本人身上的某些事情也表明了这一征兆。

　　现在，我们还是回过头来继续分析"阳具羡慕"。女人特有的对男人的矛盾心理，跟两性关系多少是有关的。分析这种心理，我们可以从那些比较具有男子气息的女人身上得到更明显的例证。弗伦克兹（Frenczi）曾从古生物学的角度，去探究这种矛盾心理产生的根源。他认为，在最远古的两性分开之处，这种矛盾心理就已经存在了——至于他是不是第一个发出这种观点的人，我并不确定。弗伦克兹坚信，性行为最早发生于两个完全一样的单细胞之间，后来，那些比较强大的个体逐渐学会强迫那些弱者服从自己的"淫威"。那些弱者对"淫威"的抵抗倾向，导致了今天女人的性冷淡现象。我觉得，如果不夸大这一说法的价值的话，这一说法并没有不妥之处。

关于女人初次性交时所具有的矛盾心理的动机，在上面的详尽论述之后，我们现在可以如此总结：

处女的性心理是不成熟的，所以面对那个即将引诱她开启性生活的男人时，她会产生厌恶和排斥，觉得无法容忍。这么说来，处女禁忌反倒成为了人类高度智慧的果实。因为，这个禁忌避免了她的丈夫将来碰触到这个危险。而在当今的文明社会中，由于有各种复杂的因素在影响着男人们的性对象选择，使得他们更看重女人在婚后变成"性之臣服"者时的各种好处，于是，他们就不再顾忌这种禁忌了，女人的贞洁也反倒成为了他们无论如何都不愿丢弃的"财产"。但是，这并不代表女人对男人的那种仇视情绪就消失了。通过观察众多不和谐的婚姻，我们发现，女人因为失去贞洁而想要报复男人的心理，并没有在现代女性的意识中完全消失。数不胜数的例子表明，很多妇女在第一次婚姻中是彻头彻尾的性冷淡，对男人的热情毫无反应，以至于两人最后只能离婚。但是，在第二次婚姻中，这样的女人却一扫此前的冷漠和消极情绪，而是尽情地享受性爱的乐趣。她们的改变令旁人非常惊讶。很显然，这是因为，随着第一次婚姻的结束，她们那种仇视和消极情绪也销声匿迹了。

其实，在当今的社会中，我们每个人的内心都隐隐地感觉到，原始的处女禁忌仍然存在着。诗人们的作品中就经常谈到它。

安森格鲁伯（Anzengruber，1839-1889，奥地利剧作家兼小说家）曾在一篇喜剧中讲述了这样一个故事：一个质朴的农民爱上了一个女子，却不愿意娶她为妻。他觉得"她这样的女孩，不久就会消耗掉他的生命"，所以宁愿她嫁给其他的男人，然后等她成为了寡妇再占有她。因为这时他便没有什么危险了。安森格鲁伯给这喜剧取名《处女之毒》，这很容易让人联想到那些养蛇人：为了能够自如地操控蛇，他们总是先让蛇咬一小块布。

黑贝尔（Ferieclrich Hebbel, 1813—1863，德国诗人兼剧作家）所写的《朱迪丝与何洛弗尼斯》剧本中，对朱迪丝这一角色的描写，同样明显地透露出了处女禁忌的习俗及这种动机。朱迪丝被描写成是受到禁忌保护的女人。新婚之夜里，她说："我的美好比颠茄，谁敢吃它，不死也会疯。"她的丈夫，不敢动她毫发。后来，亚述将军围攻她所在的城堡，她想施用美人计去诱杀他。很显然，这种爱国想法不过是一个面具而已，在这个面具之下隐藏着她对性的欲求。后来，当那个臭名昭著的残暴将领玷污了她时，她化愤怒为力量，竟以参孙似的大力，一掌斩断了男人的头颅，由此变成了民族英雄。

依照心理分析，斩断头颅象征的是阉割行为，所以说朱迪丝其实是"阉割"了玷污她的那个将领。新婚少妇，也常常会做类似这种情节的梦。伪圣经（Apocrypha，在公元初年，基督教是非法的，经书都是私下传抄。到二三世纪编《新约全书》的时候，社会不相信传抄的经文，罗马教廷也放弃采纳。这以后出现的伪经，都叫 Apocrypha）中把这种举动视为爱国，黑贝尔则用文学艺术的语言，使这种举动或情节蒙上了一层浓重的性的色彩。根据伪圣经的记载，朱迪丝回城后，仍然夸口说自己的贞洁犹存。对于她所经历的怪诞婚姻，在任何一本或真或假的圣经中，我们都难寻痕迹。我猜想，黑贝尔凭借自己那诗人特有的敏感天性，看穿了经文对故事的故意捏造，于是大胆地将真相揭露出来。

黑贝尔为什么会有这种揭发兴趣呢？对此，萨德格尔（Sadger）曾做过非常有趣的分析。他指出，黑贝尔具有"恋母仇父情结"，在童年期的性发展中，其两性倾向一直在抗衡冲突，最后偏向于女性，于是其本人也非常理解女人，因此对女性心灵深处隐藏的秘密及有关的故事素材很有兴趣。萨德格尔甚至引用了许多诗人所表明的改编故事的理由：故事本身肤浅粗俗，改编只是作者们寻找某种方式，展示自己潜意识中的相关动机。

圣经中仅仅讲明朱迪丝是一个寡妇，而黑贝尔却在剧中将她变成了一个贞洁的女人。他为什么做这样的改动呢？对此，萨德格尔也有一段绝妙的解释："此处改编的动机源于诗人婴儿期的幻想，目的在于否认父母之间存在性关系，使得母亲成为一个贞洁的少女。"以他这个解释为基础，我想再补充一点：诗人既然已经设定主角是一个贞洁女人，所以他更加深入地幻想到了后来的情景，即朱迪丝的贞洁被毁后理应会产生愤恨，如此他才得以在这一方面做了不少文章。

总的来说，新婚之夜的初次交合，一方面是社会的一种手段，促使女人依赖、臣服于一个男人；另一方面，这一件事又出乎意料地激发了女人对男人的原始仇恨。在这种矛盾之下，有的病症可能就会引发出来，不过，绝大多数时候，它只是在一定程度上抑制了性交的快乐。这个道理，也可以说明为什么许多女人在第二次婚姻中能获得比第一次婚姻幸福得多的性生活。讨论到这里，那种令人一开始非常不解的处女禁忌之谜——原始部族恐惧处女，禁止丈夫弄破新娘的处女膜这一习俗，也便露出谜底。

相当有趣的是，精神分析学家还常常发现，有的女人是同时持有臣服和仇视这两种对立态度的。有时候，它们相互交融，同时出现，有时候又一起消失。这样的例子表现为，有的女人尽管对自己的丈夫非常冷漠，却又始终无法离开他独自生活。每当她试着去和别人亲热时，她又会想起她的丈夫，虽然她根本不爱他。分析中还发现，在这种女人的冷漠背后，臣服的态度依然存在着。她们之所以不愿脱离这种名存实亡的夫妻关系，是因为她们还没有达到报复的目的。由此说来，在那些具有十分强烈的情绪的神经症女患者身上，内心的这种报复冲动更是自然无疑地存在的了。

第六篇

性道德文明与
现代人的
焦虑

性道德将性生活限制于一夫一妻，让社会更文明进步。那么，性道德的反作用又是什么呢？为什么弗洛伊德说性道德是"反人性"的，甚至可能导致精神疾病呢？

　　艾伦菲勒斯 (Von Ehrenfels) 最近出版了一本有关性伦理学的书，书中他阐述了"自然的"性道德与"文明的"性道德之间的不同。他认为，"自然的"性道德是一种控制，它的目的是为了保持种族的健康发展和活力，而"文明的"性道德则会使人们更勤劳地工作。他指出，如果比较人类的本性和他所获取的文化成就，就更容易看清楚这两种性道德的明显不同。以下，我将阐述艾伦菲勒斯的相关论点，说明他的这一重要想法和我对这一问题的见解。

　　我们可以假设，如果"文明的"性道德更占优势，个人的生命健康发展就会被破坏。所以说，这一种为了文明而损害个人的道德倾向，如果超越一定界线，结果必定会倒过来，有损于最初的目的。艾伦菲勒斯在论文中明确指出了许多这样的后果，并表明，在西方社会目前流行的性道德法规应对此完全负责。虽然他自己也充分认识到这种性道德为推动人类文明做了巨大贡献，但他最后仍坚持说它有待改革和完善。

　　在艾伦菲勒斯看来，当今"文明的"性道德的主要特征在于：将曾经对女性的要求，施加到男性的性生活方面，并禁止夫妻之外的任何性生活。虽然文明将性生活限制于一夫一妻制当中，但因为两性性需求的天生差别不可消除，所以男性违规，即偶尔出轨，仍是会被原谅的。如此，这样的要求其实反倒承认了男性有双重标准的性道德规范。如果一个社会允许这种双重标准的规范存在，那它就无法实现"热爱真理、诚信和人道"，于是社会成员就会变得不讲道德、伪善和自我欺骗。

另外，鼓吹一夫一妻制的"文明的"性道德缩小了个人对性对象的选择范围。当今的文明人出于人道与性安全的考虑，生存竞争降到了最低限度，性选择成了使种族品质得以改进或发展的唯一因素了。

艾伦菲勒斯对"文明的"性道德的种种恶果的列举，并不完全，他还漏掉了一种：它滋长了现代人的精神不安，而且使得这一现象在社会中迅速扩散传染。我所知道的是，有的神经症患者自己就能发现自己存在的问题：个性人格与社会规范要求存在对立。然后，这些患者还会主动询问医生，问这是否就是他病症的原因。有的人还提到："我们全家人都要患上神经质了，我们都想要自己的生活比实际好，但我们却无能为力。"医生们还发现了，这些患上神经症的人群，他们的家族历史通常有这样的共同点：患者的祖辈原本生活在天然纯朴的乡下，他们个性粗犷而富有活力，后来，他们来到城市打拼，获得了事业上的成功，同时还想在最短的时间内，把自己的后代即患者们培养成像城市人一样，具有高文化素质。这一共同的现象引起了医生们的注意和思考，但最终，精神科专家提出了最具说服力的证据，说明了精神病患者的逐渐增多跟现代文明的生活方式相关。对于他们的结论，我们可以引用一些著名观察者的观点。

以下是艾伊尔 (W. Erb) 的观点：

"我们可以对这个问题做这样的总结：种种造成神经紧张的原因，在现在的社会有增无减，我们是否应该认为这是现代生活导致的？我认为，只要稍微观察现实中存在的问题，就可以看出答案很明显是肯定的。

"事实是：人们必须投入很多的精力及心智，才能创造出现代文明的每一次成就，推动每一个领域的进步和发展。在这一过程之中，生存竞争必定十分激烈，也就要求每个人的能力都要到达一定的高水平。个人为了顺应文明的进步要求，必须贡献出自己的全部才智和力量，才能勉强应付这一要求。与此同时，个人也会将自己的欲望需求延伸到每一个层面上。暴发户还未成为暴发户之前过不惯的奢侈生活，后来成为了暴发户的生活常态。于是，社会中到处充斥着追求奢侈享乐、无视宗教、贪得无厌等堕落现象。

"电话和电报网环绕全球，使得通讯事业加速发展。经济、旅游业的发展也因此发生了翻天覆地的变化，人们每天都走匆匆忙忙，生活时刻紧绷着。人们白天工作，晚上旅行。而即便是在旅行中，人们也难以放松自己。总之，政治、工业以及经济等各方面的急剧变化，改变了人类生存的面貌，且这改变的范围之大，是史无前例的。人们的野心之大，以至于想在政治、宗教、社会、党派斗争、选举活动中都插一手。他们被众多的事情困扰，大脑永远处于工作状态，休息娱乐的时候也同样如此。城市越来越大，生活在其中的人们越来越紧张。唯有凭借狂欢刺激，人们衰弱的神经才能有所恢复。然而，往往每当这样的狂欢过后，神经会变得更加疲惫紧张。

"即便是文学作品，也无法消除人们的紧张，给人带来欢乐。因为，现代文学为了能够引起人们的兴趣乃至争论，描写的多是一些刺激性的内容，以便能够触动读者的感官，让他们有更充分的理由蔑视基本的伦理原则和理想需求，然后更加放肆地继续寻求快乐。我们可以发现，很多文学描述变态行为或者是性心理异常者，又或者讲述革命主题或者其他叛逆的思想。人们的脑子被这些稀奇古怪的东西充塞着，此外，耳朵又被那种不是令人放松的音乐充斥着，剧场里的表演节目也在想方设法刺激人们的全身感官。总之，创造性的艺术概念产生了一百八十度的大转变，那些丑陋的、原本令人厌恶的以及跟性有关的东西，作为一种对抗现实、揭露生活不堪的力量，堂而皇之地出现在人们的面前。

"以上所述的一幅社会简略图，已经足够将现代文明发展过程中伴随的种种危机呈现出来，我们可以借助它毫不费力地想象其中的各种细节。"

此外还有宾史·王格 (Bins Wanger) 和冯·克拉夫特·埃宾 (Von Kraft-Ebing) 的看法：

"神经衰弱症已成为众所周知的、最具代表性的现代人病症。贝尔德 (Beard) 是第一个对这种病症做出综合描述的人，他坚信，这是一种仅存在于美国的新的神经疾病。虽然他的猜想是错误的，但他作为一个经验丰富的医生最先提出了神经衰弱症的各种理论，至少也能表明这种症状与现代生活是有紧密关系的——在当今，人们放纵于情欲、执着于对金钱的追求，然后借助科技的进步，使人际关系打破了时空的限制。"

——宾史·王格

"当今的文明人中，大多数的生活方式其实都包含了有害因素，而这些因素往往会给大脑带来直接的损伤，而这正是精神病患者剧增的原因。在过去的十年中，人们使政治、社会的方方面面，尤其是商业、工业和农业三方面发生了巨大的改变。这种改变，其实是以牺牲人们神经系统的健康为代价，来获得生活的改善、公民权利的实现和个人收入的增加。人们虽然在社会和家庭方面都有所收获，但同时他们也付出了巨大精力，而这些精力损耗往往是无法弥补的。"

——冯·克拉夫特·埃宾

以上专家的言论以及其他一些没有在此提到的观点，虽然不是错误的，但我认为它们还不够详尽，不能具体地描述神经衰弱，并且漏掉了对病因的分析，因此我觉得仍有必要做补充。假设忽略这种不太确定的"神经质形态"，而从神经症患者的具体表现来进行分析，我们就会发现，文明生活方式带来的恶果其实集中到了一个问题上：正是在文明社会中占据优势的性道德规范，使文明人（或文明阶级）的性生活受到了压制。这个观点，我在我的其他论文中做了详细的论述，在此就不重复解说了。不过，在以下的内容中，我还会引用我通过研究得到的一些重要论据。

我们根据临床观察的结果，将精神疾病分成了两种，一种是真正的神经系统疾病，也就是由于神经或者说是身体机能出现问题而导致的；另一种是心理疾病，或者说是精神病。

第一种被我们称为"神经衰弱症"，在症状上表现为身体和心智上的中毒。也就是说，这种病症是由某种精神毒素的过剩或者缺乏导致的，而这种过剩或缺乏跟遗传没有关系，大多数情况下是性生活失调造成的，其发病形式跟毒性性质有着紧密的关联。通过对神经衰弱症的临床观察，我们可以推知患者的性生活的失调状况。反之，我们可以说，前面所述的由文明生活引发的不利影响，在这类患者的症状中没有看到。因此，我们似乎可以说，性的因素才是造成这一疾病的根本原因。

至于神经症，它的真正病因尚不明确，但我认为很有可能跟遗传有关。然而，精神分析法却让我们发现，这类疾病的症状，如歇斯底里、强迫作用等，其实跟心理因素有关，是受了潜意识中各种观念化情结的影响。精神分析还表明，从较广的角度来说，这些情结的内容跟性也是有着明确的关系。它们因人的性需求得不到满足而产生，代替了性，使人得到满足。因此，我们同样认为，造成神经症的因素，就是这些损害性或者压抑性、改变性对象。

在理论上，把毒性性质与心理因素性质的神经症患者区分开来，是有一定意义的，尽管我们发现大多数神经症患者同时具有上述两种病因。

如果一个人同意我的上述观点，把神经疾病的病因归为性生活失调的话，那么他就会支持我做进一步的相关论述，即从更大的范围中去探讨为什么现代生活会增加神经疾病患者。

通常说来，文明的建造是以对个体本能的压制为基础的，在这个过程中，每个人都要作出部分牺牲，如放弃自己人性中本有的权力欲、争强好胜的欲望、侵略欲以及仇恨性等。通过这些牺牲，社会性的物质文明和精神财富被创造出来，并被大家所共有。

人们为什么甘愿作出牺牲呢？这是因为个体需要家庭的情感支持，而家庭往往建立在性欲之上。这种情感需求产生的力量，更大于生存竞争对人的压制效果，于是人们甘愿为此放弃了自己的本性部分。当然，这种放弃是逐渐进行的，而且它会被作为一种精神，被赋予越来越多的宗教色彩。也就是说，个人通过牺牲自己创造出来的有利于公众的成就，会被人们视为"神圣的"。而那些控制不住强烈的本能冲动的人，无法适应社会规范，就会变成一个罪犯。不过，如果他的社会地位显赫或者才华出众的话，人们就会视他为伟人或者英雄。

　　心理分析指出，性本能含有各种不同的冲动。我们认为，这些源自于性的各种冲动，在人类和其他动物身上表现出的效果有所不同。一般说来，前者表现出来的效果会更强烈，本能持续的时间也会更长。可以说，人的性本能脱离了动物特有的周期性束缚。人们之所以能够将绝大部分精力都投入到建设"文明活动"的事项中，正是源于这种不同——性本能的力量总是保持强大的状态，即便它的目的发生了改变。

　　我们说过，将"性目的"转化为一种"非性目的"的能力，就是升华作用。无疑，这种作用会有力地推动文明的进程，但它跟性本能却是对立的。性本能中存在的那些根深蒂固的固置倾向，会使它极力对抗这种作用，为此不惜使它退化或者异常。

　　因为每个人的性本能的原始力量有所不同，所以发生在每个人身上升华作用的效果各自有别。可以设想，个人的体制和所具有的遗传因素，也许已经决定了他的性本能力量会有几成得到升华。另外的一些外部因素，如环境、所受的教育水平等能对心理功能产生影响的因素，也决定了升华的效果。然而，正如发动机产生的热量不能完全转化为动力一样，即便个人付出再多的努力，性本能的转化也不可能会是百分之百的。要想保持各种本能的和谐运作，一定程度的直接性满足是必须的。也就是说，这种需求每有一次受到损害，个人的生活就会失调，并由此产生痛苦，以至于出现疾病。

　　在人类早期发展中，性本能并非仅仅为了实现繁殖，同时也是为了获得快感。如果能够想到这一点的话，我们看待性问题的角度就会更宽、更高。我们曾指出，婴儿获得愉悦感的方式，除了通过性器官的刺激，还可以通过身体其他部分的快感区获得。有的儿童会对某些快感区带来的愉悦十分痴迷，以至于完全忘记了其他的性目的。我们称儿童的这一时期为自我享乐时期，往往人们对儿童的性教育任务也在这一时期。如果这一时期持续的时间过长，个体的性本能就会发展到让人难以驾驭的地步。甚至会作废。

正常情况下，性本能的发展经历这么一个过程：从自我享乐转为"对象爱"；从每个快感区的独立感受，转化为受生殖器快感控制。经过转化之后，性快感和生育功能才具有了直接的关系。同时，那种发自于体内的性兴奋，由于跟生育无关，也就被抑制了。如果遇到恰好的时机，它们就会在升华作用下转化为其他能量。因此，我们可以说，这些被抑制的所谓"错乱"的性兴奋能量，正是推动文化进步的源泉。

文化发展的整个过程，跟性本能的发展过程相对应，它可以分为三个阶段：在第一个阶段里，那些跟生育无关的性行为会得到自由的发展；在第二个阶段中，只有跟生育有关的那种性行为得到了发展，其余的都被抑制了；在第三个阶段，性目的必须建立在"合法"的基础上，于是产生了我们所说的"文明的"性道德，它也正是这一时期的性行为的代表。

建立在上述分段的基础上，如果我们以第二个阶段的性道德为标准的话，就不难想象出这样的情况：还是有一部人，受先天因素的影响，无法使自己的性按照标准来发展。也就是说，其实没有一个人能够完全遵循上述所说的性发展过程（从自我享乐到对象之爱，再到性器官的结合）来完成自己的性的成长。换言之，性发展的过程中总是会受到其他因素的影响，导致各种性障碍。而性爱障碍带来的后果无外乎两种，确切地说，是两种与性常态背离的发展形态，这两种形态的关系如同一枚钱币的正面和反面。接下来我们将要探讨这两种形态，但在这之前我们声明：现在所讨论的，并不包含这么一种状况：性本能过于强烈，以至于无法控制。

第一种形态的代表是各种不同的性变态者。这类人的性欲通常被固置于婴儿期，以至于妨碍了生殖器的主导作用的确立和生育功能的发展。第二种形态的代表是同性恋，也就是性颠倒者。这类人的性对象选择同性，让人难以理解而为之惊奇。

现在，我们提出一个问题：既然性发展过程中总是会受到干扰，为什么总体来说还是正常人居多，而这两类性变态者比估计中的少呢？我认为，性本能的发展虽然遵循一定的规律，但它又是灵活的，能够进行自我调节。如果性本能的某一种或者几种冲动成分，在发展过程中因遭遇障碍而未得到正常发展，那么它也会以其他的形式表现出来。支持这一论点的事实是：有的天生性同性恋，其性冲动的能量往往会在升华作用下转化为社会"文明"成就，而其本人也因此成为优秀的人物。

值得注意的是，如果性障碍导致的性变态倾向或者同性恋倾向过于强大，以至于它们成为性欲的全部，那么就会带来严重的后果，这些人必定受到社会的排挤，无法获得幸福。因此，我们发现，即便我们的文化是建立在性发展的第二个阶段上，仍是会有一批先天性因素不同于常人的人会蒙受苦难和不幸。这些人的命运，往往跟个人的性冲动强弱有关。不过，幸好的是，大多数性变态者的性冲动不是那么强烈，他们的反常倾向最终还是被抑制住了，也就避免了和文明的性道德发生冲突。但是，很明显，由于他们的精力都消耗在了抑制中，所以他们的成就也就平平，即便是最理想的状况也不会有很大的超越。可以说，这些人其实心智发育不完全，行为表现也相当粗鄙。这样的一种下场，也是文化发展到第三阶段中某些人会同样得到的，这些人就是那些施行禁欲的男男女女。

如果某个人具有强烈的性本能，然而本能倾向却是颠倒的，那么他的后果可能是两种：

第一种：蔑视当前的社会基本伦理规范，即使受到他人的排斥，他仍会将颠倒倾向坚持到底。这种后果相当明显，无需在此多说。

第二种就比较有意思：在相关教育的影响以及社会施加的压力下，性颠倒者压制了自己的颠倒性冲动，但这种压制不是真正的压制。在这种方式下，颠倒的性冲动虽然"流产"了，看似取得了成功，但它仍是会给本人带来伤害。

从另一方面来说，如果在这种压制过后，他本人对社会仍是没有什么价值的话，那么实际上，这种压制的效果也是失败的。也就是说，从长远的利益角度来看，压制所得到的一点儿益处已经被抵消了。在性本能受到压制后继而形成的替代现象，就是我们通常所说的神经症。

神经症患者天生跟人类文化对抗，"文化标准"对他们的抑制，不过取得了表面上的成功。文化抑制在他们身上起到的作用越来越小，对于他们来说，要想让自己的性行为符合文化要求，必须付出巨大的努力。而在这样的努力下，他们的内心又往往会变得十分空虚，以至于产生了神经症。因此，我们通常视神经症为性变态"消极作用"的产物。很明显，他们的性变态倾向被抑制了，然后透过心灵的潜意识部分地表现出来。被抑制的倾向所表现的内容，跟我们所见的性变态的症状是一样的。

经验表明，通常情况下，人的天赋能力与社会文化对他的要求是一致的。所以，个人对自己的要求应该适当。我们发现，那些对自己过于苛刻，给自己订下各种超出自己本性能力的高标准的人，通常会患上心理疾病。假若他们学会允许自己有"不完美"的地方，那么他们的日子就会愉快得多。观察一个家庭中每个成员的心理状态，我们也会得到同样的结论，即性变态和神经症分别是同一种现象的正负面，或者是积极面和消极面。

在一个家庭中，如果有男孩是性变态者的话，那么这个家庭中的女孩必定患有神经症。虽然她的性本能相对她的兄弟来说较弱，但仍会表现出与后者相同的异常倾向。扩展说来就是，在许多家庭里男孩是健康的，但从社会的角度看他又是不道德的；而尽管女孩子是端庄严谨的，实际上是有严重的神经质的。可见，文化要求每个人的性生活都遵循相同的发展模式，这本就是不公的。除非文化要求顺应人的天性，否则人们遵循文化规则十分不易，会给精神带来很大的损失。好在，人们对文化对道德戒律并非都是恭顺听从的，所以，实际上这种不公正的情况不会普遍出现。

以上所探讨的情况，都是假设在第二个文化发展阶段上。在这一阶段内，唯有正常的"交媾"是不受拘束的，其他的一切性变态行为都会被禁止。但是，即使以这种标准去规定什么样的性行为是该禁止的，被人们视为性变态的人还是很多。有的人尽管极力控制自己的性变态倾向，结果还是患上了神经症。如此，我们就可以猜测，如果人们进一步限制性自由，使文化要求的性道德标准升华到第三个文化阶段，也就是禁止任何夫妻以的性生活，那么结果会是如何呢？我认为，在这样的情形下，性冲动会变得更加强烈，于是会出现更多的人站出来反抗这种标准。同时，还有一种人也会增加不少，这种人就是那些性能力原本较弱的，必须在文化和自身的叛逆性之间不断挣扎的一种人。

如此一来，我们就会产生三个疑问：

第一，在第三个阶段时，人们会因为性道德的要求而承受着什么负担？

第二，如果禁止所有其他性行为，那么唯一合法的夫妻性生活能否真正满足需求？

第三，是否只有禁欲这样危害个人利益的行为，才对文化发展有益处？

在回答第一个问题之前，我们必须首先讨论曾引起社会广泛议论的禁欲问题。

我们知道，文明发展的第三阶段要求是，婚前男女不能发生性行为。而那些终身未婚之人，往往也不能跟其他人有性行为。权威人士，包括医生，都认为禁欲其实并不难，而且也不会带来坏处。实际上并非如此，性冲动非常强烈，往往需要一个人付出全部的精力才能控制它。最后，仅有极少数人，能够通过升华作用，使自己性本能的能量转化到高级文化活动中。而且，这种转化不是连续性，而是陆续地出现。年轻人要想做到使性能量转移就更难，因为他们性欲旺盛，精力充沛。而做不到的人，结果可能是走上犯罪道路，也可能是患上神经症。

事实告诉我们，社会中的大部分人，天性都不宜禁欲。即便社会文化在性道德方面的限制程度仅仅是中等而已，仍会有一些人在这种限制下患上心理疾病，在当代文明的性道德的压力下，他们无疑会病得更早，病情通常也更严重。众所周知，所有的性问题，诸如性本能天性较弱或者发展受阻等，唯有设法实现性满足，才能治愈。因此，当一个人的神经症越严重，也就代表他的性问题越严重，禁欲的规定对他来说就是十分错误的。这种规定阻碍了各种性冲动，使患者的病情更难以控制。

此外，即便有的人能够适应第二个文化阶段的性道德要求，在进入第三个文化阶段后他也可能患上心理疾病。这是因为，性满足的途径越少，它对于人们来说价值也就更大。人们的原欲受到了阻挠和压制，会想方设法寻找发泄的渠道。当一个人从代替的性对象那里获得了病态性满足，那么病态的心理以及性行为就会形成。因此，我们可以说，当代社会中心理疾病患者剧增，是因为社会文化对人们的性本能进行了控制。

接下来，我们要探讨第二个问题。这个问题更准确地说是：婚前性生活受到限制给个人带来的损失，在个人获得夫妻性生活后是否会有所弥补？大量的事实说明，对这个问题只能做出否定的回答。以事实材料为基础，我们可以大概做这样的解释：

我们应该记住一点：现代文明之下的性道德限制范围，也包括夫妻之间的性生活。通常情况下，夫妻的性交动作是相当贫乏的，唯有几种导致生育的动作是符合性道德的。基于此，夫妻之间完美的性生活仅仅只是婚后的头几年而已。在这期间，因为女人身体不适的原因，如月经到来，性生活还要受到限制。在这种情况下，三到五年后，婚姻就不再能全部满足个人的性需求了。同时，出于对避免怀孕的考虑，夫妻性交时还须劳神费心，性交的愉悦也就减少了。有时候，这种顾虑还有可能引起某些疾病。

对性交后果的顾虑，会降低夫妻双方互相触摸时的美妙感受。于是，那种始于强烈感情的身心结合的温柔愿望也会逐渐减弱乃至消失。夫妻同时在精神层面以及对肉体快感产生了失落，他们发现婚后的性生活居然比婚前还要惨淡，他们曾经对婚姻的美好愿望也消失了。大多数人的婚姻，都注定是这种下场。而此时，他们唯一能做的，就是尽力克制自己，防止性冲动乱来。一个成年男子的这种自制会有多大的成功几率，我们完全可以设想。事实证明，他们最终会冲破性道德的限制，以最后的一点儿自由去争取尽享刺激的偷情欢乐。当这种情况被社会广泛理解时，其实就等于承认了，其所制定的性道德戒律很难让成员们做到。

另外，女人因具有独一无二的生殖功能以及对爱情忠贞无比，于是她们的升华能力就受到了限制。她们或许可以暂时以吃奶中的孩子作为性对象的代替者，但一旦孩子不需要母乳，她们就会失去这种性满足的快乐，重新陷入失望的婚姻生活中。在这种情况下，她们也极有可能患上心理疾病，乃至终生被某种心理疾病折磨。所以说，受现代文化标准束缚的婚姻，并不能作为解决女性心理疾病的良药。身为医生的我们，虽然也力劝女孩们结婚，但我们深知，除非身心非常健康，否则一个女孩是无法忍受现代婚姻的。也因此，我们对男性的建议是，不要娶一个患过心理疾病的女孩子。这样的女孩，婚后偷情的可能性往往比较大，因为她们想通过偷情来治愈婚后带来的神经症。那些家教比较严格的女孩子，当她成为人妻后，她就更不愿对抗所处的文化环境，对偷情这种解脱方式也更有畏惧心理。不过，由于她必须在原欲和责任感之间费力挣扎，她最后还是会患上心理疾病——没有其他方式，能够比患上疾病更能保护美德，同时抵抗情欲诱惑。总之，社会中的年轻人，婚前忍受着情欲煎熬，最终过上了婚姻生活后却发现它在几年之后就无法满足自己的性需求了。由此我们可以说，婚姻是无法弥补婚前禁欲的痛苦的。

对于第三个问题，多数的人可能即便承认文明性道德存在危害，最终还是坚持它带来的好处更多过危害。因为，它的危害情况只是发生在极少数人身上而已。我认为，要想准确地估算利弊谁多谁少，是很难做到的。但我觉得有必要对它所带来的危害做更详尽的论述，这样才能引起人们的注意。

我们还是得返回之前提到过一些的禁欲问题。我提出过，禁欲的弊端不止引起心理疾病，还会是造成各种危害。对于心理疾病，我们其实仍没有足够认识到它的严重性。

当今，文化教育的目的之一，就是想办法延迟青年人的性发展和性活动。表面上看，这似乎不会产生不利影响。人们认为，如今的年轻人因为要接受教育，成家立业肯定会推迟，所以延迟他们的性活动就是自然而然的。另一个说法还不时地会灌输到人们的脑中，就是当今文明之下建立的各种制度都是紧密相关的，所以说，不可轻易改变其中一种制度。但是，社会文化对一个二十岁以上的男子施行禁欲，又有什么好处呢？即便他不会患上神经症，也可能会出现其他问题。

强烈的性本能被抑制后，人们的兴趣确实会投向审美和伦理中，个性也变得"强大"起来。这种改变，在那些天性特殊的人身上会更加明显。也因此，我们可以认为，每个人之所以存在性格差异，是因为他们压抑性冲动的能力有所不同。对于大多数人来说，必须付出全力才能抑制自己的性冲动。这样的情况通常发生在年轻人身上，因为他们唯有这么做，才能赢得社会财富和地位。个人能够用来升华自己性本能的力量有多少，这跟个人天性和他所从事的职业有关。我们很难想象艺术家会禁欲，但对于有知识文化的年轻人禁欲却习以为常。这是因为，艺术家的艺术成就往往源于性经验的强烈刺激，而年轻学者唯有禁欲才能对工作更加认真。

总之，我认为，禁欲不会成就一些人坚强、自信和勇敢的性格，更不会造就思想家、勇敢的拓荒者和改革家。它杰出的"成就"，一般说来不过是一些"中规中矩"的弱者。这些人最后会被习俗淹没，只能无奈地跟在那些大无畏的创造者后面。

此外，过度的禁欲，还反倒会激发性本能的顽固型和叛逆性。也就是说，在文明教育要求之下，婚前性行为虽然暂时受到了压制，但结婚之后性行为就会借着繁殖的目的而任意妄为。在一些极端的例子中，有的人对性欲的压制比普通人都要厉害。然而，也正是这种人，他们因为对性欲过度压制而造成意外的后果，也就是当获得了性行为的自由后，他们却不知道如何去享受这种自由。这一后果带来的损伤往往是永久性的。因此可以说，如果一个男子在年轻时曾施行彻底禁欲的话，那他婚后必定无法尽到一个丈夫的职责。女人们或多或少对此有所了解，所以她们往往更钟意那些与其他女人有过性生活的男人——这证明了他的男子气魄。

对女人要求婚前禁欲，会造成更严重的后果。然而，当今的教育却在这方面抓得更狠。为了防止未婚女子发生性行为，社会制定了非常严格的道德戒律。这些道德戒律还褒扬那些守贞的女性，以此鼓动女人们抵抗住性的诱惑。这样一来，她们对爱情以及自己婚后的角色一无所知。直到有一天，她的父母对其告知可以开始谈恋爱了，她竟无法适应这种心理转变。最后，她带着诸多疑惑，与一名男子结为夫妻，却不知道这是不是所谓的爱情以及是不是自己的归宿。对女性情欲的抑制带来的结果是：由于她在感情仍旧依附于父母，其肉体欲望仍受到父母权威的压制影响，所以进入婚姻后她会表现得性冷淡，不能给予丈夫以情欲回报。丈夫对婚姻原有的憧憬也随之幻灭，只剩下失望。

我认为，在那些文明教育未普及的地方，可能也同样存在以上所说的女人婚后性冷淡的情形。不过，每个女人性冷淡的情况，跟她所受的教育程度有关。往往，受教育程度较高的女人，对性的兴趣也较低，她们极不愿意忍受生育的痛苦，也难以成为一个贤妻良母。也就是说，她们婚前所受的教育，其实反倒不利于婚姻。这种不利影响会在她们结婚几年后明显表现出来：她们被抑制的原欲逐渐苏醒过来，性欲达到了前所未有的旺盛高度。与此同时，由于跟丈夫的关系破裂已久，一直以来缺乏爱情的滋润，她们对爱情的渴望也重新苏醒。在这种情况下，她们只能有三种结果：像以前一样遵循传统，忍受性的饥渴；背叛丈夫去偷情；患上心理疾病。

观察人们对性问题的处理方法，我们可以发现，一个人在性生活方面的表现，通常也反映出他在生活其他方面的态度。比如，爱情专一的人，做其他事情也容易成功。而那些寻找理由来压抑自己性本能的人，他在为人处事方面必定是比较谦和，同时又优柔寡断、不够努力。在女人身上，我们可以更明显地观察到这一点。

女人同样对性有着强烈的好奇，但她们却碍于教养，觉得那不是淑女应该有的，于是遏制了自己的好奇心。她们被灌输这种思想：凡是胡思乱想性的问题，那就是道德肮脏、下流。因此，她们停止了对这一问题的探索思考，有的甚至怯懦到无法触及一些普通的性知识——她们认为这些知识无关紧要。这种思想上的禁忌会蔓延到其他领域，以两种方式影响她们的思考能力。一种是自由联想，另一种是"自动化"或者"潜移默化"的思考。后一种方式跟这么一种现象相似：某些宗教禁忌主动在人们的身上生效，制止了个人产生那些违背禁忌的思想。

莫比尤斯 (Moebius) 认为，两性在性方面的思想认识和性行为存在的差异，是生物学因素造成的。他指出，女性的身体特质，是造成她们思考能力低下的关键原因。大多数人不认同他的这一观点，我也是反对者之一。我认为，在女性受到性压抑的过程中，思考能力也受到了限制，这才是她们智力低下的原因。

禁欲实际上有两种类型：禁止一些性活动的禁欲以及不允许性交的禁欲。对这两种不同的类型，我们自始至终都没有进行探讨。

有的人夸口说禁欲很容易，但揭示其真相，我们发现他们其实仍在以手淫或者其他儿童早期的自我享乐方式，来获得性满足。这种人的性生活退回到了早期形态，很容易导致三种后果：

其一，引发神经症或者精神病。

其二，因为文明的性道德对手淫是严格禁止的，所以他们这么做还会陷入与所受教育和冲突之中，这种冲突和他们本想通过禁欲所要逃避的冲突完全相同。

其三，这种方式的禁欲会从多个方面给人格带来伤害。一方面，这种处理性问题的方法会影响到当事者做其他事情的态度，使他习惯幻想通过某种捷径来避免痛苦，同时获得自己想要的东西。另一方面，这么做会产生许多飘渺的幻想，比如使他幻想自己有一个非常完美的性对象，以至于他在现实中对性对象的寻求无果。幽默作家克劳斯（K. Kraus）在维也纳出版的刊物《火炬》中，曾带着嘲谑地说："同手淫相比，性交不过是一种不完美的替代品而已！"他的话中意思看似矛盾，其实正反映出了我们所说的上述问题。

文明社会制定的性道德的苛刻要求以及人们极力禁欲的现象，两者一旦结合起来就使得禁欲的焦点指向了一个：避免两性性器官的结合。与此同时，其他的性行为又是受到了鼓励的。这种对性的束缚，可能会导致两种各占一半几率的后果：

一种是，对正常性交的抑制导致了异常性交形式的出现和流行，也就是以用身体其他部位来替代性器官。当然，出现这种后果的原因还有，人们的健康意识以及对性病传染的顾虑。无论什么原因，我们都不能无视这种后果的害处。因为，它并非只是在性交活动中换一种姿势或者口味而已。实际上，它不符合伦理，而应受到谴责。这是因为，它降低了两人的爱情关系，使之成为一种类似游戏的随随便便的事情。人们在这件事情可以不必为之冒险，也无需花费心思。

另一种是，这种抑制会导致同性恋的增多。同性恋倾向，有的是天生的，有的是受了早期环境的影响而产生。还有是个人在成年后因为原欲受到抑制，于是性本能向偏道发展。

禁欲造成的各种无法弥补的后果，最终指向同一个：阻碍婚姻。而婚姻，正是文明的性道德所坚持的唯一的性目的。

从男性方面来说，因为习惯了通过手淫或其他异常性行为来获得性满足，所以成婚后他们仍可能执着于这种满足，于是无法充分发挥自己的性能力。从女性方面来说，以异常性行为来获得性满足同时保持贞洁，同样会使得她们婚后表现得性冷淡。这两种情况下达成的婚姻，因为夫妻双方在一开始就无法表现出热情，所以也会迅速走向解体。事实上，只需一次完美的性交，就可以改变女人因受教育影响而出现的性冷淡。然而，如果男人的性能力总是表现欠佳，不能使女人满足，那么女人的性冷淡就会一直持续下去。且由于性能力微弱，男人就更排斥避孕工具。在这样的尴尬情况下，性交的愉悦丧失殆尽，引起了夫妻生活的其他问题。最终，他们只好干脆放弃性交，于是婚姻最重要的一部分也就不复存在了。我认为我以上所得出的各种论点，都没有夸大，而是显而易见的道理，因此这方面的专家应该对禁欲这一问题加以重视。

如果不是深入了解的话，我们通常难以相信这样的事实：受文明性道德的压制，很少男人能够保持正常的性能力，而女人大多性冷淡。人们根本无从想象，男女双方为了维持婚姻，要付出很大心力，而他们从中得到的好处，又非常之少。然而，我还是要进一步补充，这种婚姻带来的危害，还涉及他们的下一代。

通过观察我们发现，父母的病态会遗传给孩子，这是因为孩子们从父母那里获得的早期印象太强烈了。如果孩子的母亲患神经质，其父母关系不和，那么他的母亲就会将爱转移到孩子身上，给予孩子更多的关爱。孩子在母亲的溺爱之下，必然会性早熟。总之，夫妻关系不和谐的话，孩子的感情必定会受到刺激，他自己在幼儿期就会对爱、恨以及妒忌等情感有着强烈的体验。往往，这种环境下成长的孩子所受的家庭教育也是很严格的，因此他们早熟的性欲所受的压抑比普通人又更大。在这种压抑下，孩子们会产生各种精神上的冲突，其所受的心理煎熬会影响他终生。

最后，我要重申我在本文开头提出的一些观点。

我认为，人们对心理疾病的重视不足，表现在，某人患上心理疾病后，其亲朋好友都不认为他有病。他去看医生，医生们最多给一些无关紧要的安抚建议，比如让他进行数周的冷水浴或者精心修养几个月。这些建议，大多来自于那些不专业的无知医生，除了能给患者带来暂时性的安慰，没有任何实际作用。一个人如果患上心理疾病已久，即便没有瘫痪，他的实际状况也是相当悲惨的。他的心灵背负了沉重的十字架，他会如同患了肺结核或者心脏病一样形同废人。如果其病症较轻的话，他精神上也必定遭受着折磨。

另外必须格外注意的一点是：心理疾病不管发生在什么人身上，也不论它的传播范围是多少，但最终都对社会造成危害，使其目的无法达成。也就是说，社会认为性是有害的精神力量，所以制定了文明的性道德标准加以抑制。然而，最后仍被这些精神力量所害。社会推崇的道德法规牺牲了个人，却没有给社会带来任何好处，最后还损害了社会。社会如果存在着大量的神经症患者，很难想象这有什么好处。我们可以用一些常见的现象来说明这种结果：

我们已经说过，女人对婚后生活的失望，注定她不会爱她的丈夫。但出于对所受教育的顺从以及一种使婚姻看起来非常完美的愿望，她们又不得不对丈夫表现出热烈的感情。如此一来，她就不得不极力掩饰自己的真实感情，或者放弃自己的爱情理想，总之就是宁愿牺牲所有，去做一个贤妻。这种自我抑制的结果，只能导致神经症的发作。然后，她们的神经症又会增加丈夫的痛苦。丈夫很明白，妻子的种种异常行为，其实是对他的报复。他应对这种报复的方法，唯有麻木。婚姻不再使他快乐，他宁愿妻子坦白，说出她不再爱他的事实——这样会让他更好受一点儿。从这样一个现象中，我们足以清楚神经症患者会带来什么危害。

然而，在一个社会中，不仅对性冲动的压制会得不偿失，对其他一些被人们认为有害的冲动的压制，同样如此。比如，一个人生性残暴，而他也会极力克制自己。虽然他可能因此会变成一个非常"慈悲"的人，但因为他付出了很多的精力来抑制自己的天性，有可能他的付出会大大多于他所得到的东西的价值。准确地说就是，他为避免恶而做的善事，未必多过他没有压制自己的天性之前所做的善事。

最后我们可以总结得出：在任何一种民族文化里，抑制人们的性必定会增强人们的生存焦虑以及对死亡的畏惧。这么做，不仅降低了人们在生活中的乐趣，也使得个人失去了其本有的大无畏精神。如此一来，人们就不再具有生育繁殖的勇气，而无法繁衍的个人或者民族，必定会逐渐消亡。由此，我们不得不质问：这种文明的性道德，真值得我们为之牺牲自己吗？当一个人仍旧持有享乐主义，把建造自己的幸福视为文化发展过程中必不可少的一部分时，他会对这个问题更加疑惑。

仅作为一名医生的我，当然没有权力给出一个针对这个问题的改革方案。因此，我只是借用了艾伦菲勒斯先生的观点，然后对它们进行充分的补充，以便更明确地指出文明的性道德造就的种种害处，特别是指出它与当今神经症患者剧增之间的关系。对此，我尽了最大的努力，希望人们能对性道德的问题加以重视，并及时做出改革。

第七篇

无意识

"压抑"和"精神分裂"的本质是禁止本能进入意识
中，使之不能成为"意识的"组成。于是"本能"就
不能随时被满足，因为"意识"会管制约束本能。这
种管制对人有什么影响？

在心理学中，"压抑"的本质是禁止本能进入意识中，也就是使本能不
能成为"意识的"或者"自觉的"东西。这样一个观念告诉我们，压抑的
本质并不是取缔或者放弃本能的"观念性展现"。按照心理学的分析，被压
抑的东西只能埋藏在无意识中，难以被意识理解。然而，我们从所得的资
料中发现，即便是隐匿在无意识之中的东西，也会起作用，并最终对意识
产生影响。此外，即便任何被压抑的东西都属于无意识的，但这能说明无
意识的全部内容就是这些被压抑的东西吗？这点，我们并不能肯定。我认
为，被压抑的东西仅仅是无意识中的一部分，无意识所指的事物范围还要
更广。

要想对"无意识"有更清楚的认识，我们应该怎么做呢？首先要明确，从
目前看来，我们所说的无意识，仅仅是指那些经过变形和转化而成为"意识"
的东西。而实际上，在精神分析领域中，这种转化是非常普遍的一种现象。要
想转化成功，被分析者必须克服一些困难。这个过程，正如早先为了压抑问题，
从意识中排除问题一样。

第一章·"无意识"概念是否合理

对于我们提出的，人的脑中存在一个"无意识"神经系统区域这一假设，不少人持批判态度。他们认为，"无意识"系统根本不存在，我们的假设过于离谱，万万不能以这个假设为基础做科学研究。我们对这样的批判也做出了明确的回答：我们有充分的证据可以表明，我们的假设是必要的，也是合理的。

这一假设的必要性在于：在"意识"领域中，我们仍然找不到充足的材料，来解释一些发生在健康人或者神经症患者身上的现象。既然如此，我们不得不将这些现象归类到"无意识"领域中。这些现象在生活中普遍存在，包括正常人的"行为颠倒"以及做梦、神经症患者的各种异常表现，还有我们很熟悉的某种出乎意料的突发"观念"——我们完全不知道它是怎么出现的。此外心理活动还会产生一些奇特现象，使我们迷惑不解。如果我们坚持传统观点，即认为我们的意识可以觉知每一个心理活动，那么我们就很难解释上述的种种现象。假设我们非要把它们视为意识活动，那就表明：意识活动是一种和其他东西没有关联的——如因果关联——也体现不出任何智慧的活动。

反之，如果有了"无意识"的假设，且我们对无意识活动的定义稍作调整的话，那么刚才所述的现象便有可能得到阐述、论证。也就是说，这时我们可以通过某些材料，推出它们的意识和联系。如此一来，我们便有望突破传统经验的束缚。这难道不是合理的吗？但是，仅仅这种程度的假设还是不够的，我们还要进一步假设存在着"无意识领域"。这样假设的好处是，我们以此为基础，可能会形成一个更有助于研究成功的确切方案。这个方案不仅利于我们更了解意识活动的形成过程，还可以反证我们对无意识存在的假设是明智的。因此，我们确信，认为意识可以觉察到所有的心理活动这一看法，是人们的偏见。

为了进一步证明我们的假设是正确的，我们还可以提出这么一个观点：在特定的某些时候，属于意识活动中的东西其实很少。因为，很多时候，那些自发的东西都处于"潜伏"状态，也是属于无意识的，是没有被意识觉察到的。如果我们联想到自己拥有无数潜藏的记忆，我们就会更坚信无意识的存在假设。也许有的人会提出反对：这些潜藏的记忆不属于心理活动，虽然我们可以从中获得某些心理层面上的东西，但它们终究不过是肉体上的一些残留物质而已。我们对此提出的反对说法是：潜藏的记忆绝对不是肉体的残留物，恰恰相反，它们来自心理活动。

此外，更重要的是，提出"潜藏的记忆不属于心理活动"这一意见的人，首先是因为犯了这样一种错误：把意识活动等同于心理活动。这些人从没有意识到这是个错误，而是想当然地认为两者是同一回事儿。他们的"想当然"成了一个"预期理由"，用来支持其他的逻辑推理过程。很明显，这是一种以未经证实的推断作为其他论题的证据的逻辑谬误。此外，这种逻辑谬误还可能会导致另一种结果：人们的错误说法成了习惯性说法，并作为一个专门术语使用。这种结果的话，我们根本就不必搜集证据来证明这种说法的错误，因为和许多习惯说法一样其错误太明显了。

现在剩下的问题是，这个说法是否已经被证明有用？如果它被证明了，那就意味着我们须接受它。对这个问题，我们的回答是很坚定的：这种把意识活动和心理活动混为一谈的习惯性说法和做法，根本不利于我们对意识、心理的理解。因为，它打破了心理活动的连续性，使我们陷入了无法避免的"心理物理平行主义"的窘境。此外，因为没有任何依据可以证明它的合理性，所以人们自然地就会反对它，认为它高估了意识所起的作用。最后，它造成的不利影响还有：迫使我们无法从心理领域进行研究，也找不到一个可以弥补这种损失的领域。

"其存在毋庸置疑潜在心理活动，是一种无意识的心理状态，还是一种无意识的机体状态？"现在看来，如果我们要解决这个问题的话，务必得打一场文字战了。为了表明在理论上的优势，我们最好先亮出关于这种状态的一些最易肯定的性质。

首先，我们在对上述问题进行物理学分析之前，某些零散的催眠试验，已经足以证明无意识心理的存在，并让人们看它们的运作方式。尤其是催眠之后的种种迹象和暗示，更是有力的证明。由此可见，我们所作的"无意识活动是存在的"这一假设，是合理的。我们提出这一假设的做法，仍与人们普遍的思维方式一致。人们的思维大概是这样的：意识活动仅能让个人了解自己的心理，个人要想了解别人的行为或者意识，唯有通过推理或者分析别人的言行举止。心理学对这种思维的概述则是这样：不必反思，就断定别人的构造与自己的相同，所以也与自己一样具有意识。这种认同作用是我们理解他人活动的前提。

　　以上所说个人对别人的推导或认同惯性，在人类早期就已经广为普及。个体不仅由"自我"推及别人，还会推及到动植物身上，无生命的物体上，乃至整个外部世界。可以说，如果某个人发现了一个与"自我"极其相似的身外事物，他就会认同这一事物，使之与自己"等同"。但是，随着自我与外部事物的区别逐渐变大时，认同作用也会渐渐消失乃至被丢弃。现在，以我们所具有的批判力看来，"动物也有意识"这一说法是很值得怀疑的。同时我们确定，那种认为植物和非生物也有意识的说法，是神秘主义说法。有的地方确实如此，个体的批判力被原始的认同倾向阻碍，把非人类的动植物和非生物都视为自己的同类。然而，即便是在这些地方，"一切人之外的生物或非生物都是有意识的"这种假设，也不过是人们"推导"出来。实际上，它根本无法像"自我意识"一样迅速做出判定。

　　精神分析提倡我们应该在我们自己身上使用推导过程——这是一种不同于我们天然倾向的方式。如果我们照着精神分析的方式去做，我们就会得出这样的结论：发生在我们自己身上的许多"行为"和"表现"，我们都无法从有意识的心理活动中去解释，或者无法使这两者吻合，那么我们只能把它们当作是别人的东西了——就是说，这些行为或表现只能通过他人的心理活动去解释。更多的研究经验还表明，对发生在别人身上与我们相类似的活动，我们很容易去解释。或者说，我们最善于把它们归到论证事件的因果链条中。然而，我们却会否认这些活动曾发生于我们的心理上。很明显，这样很不利于我们的研究，因为我们研究主张从"自我"着手，而那样的否认则阻碍了我们对它的真正认识。然而，如果我们在自我身上运用这种推导过程的话，假若我们没有发现自身存在的二元对立，我们同样不能揭示出这种"无意识活动"。

如此一来，按照逻辑推导，我们就只能做这样奇特的假设：自我的意识之外还有另一种意识，或者说第二意识，"自我意识"和自我的"第二意识"会互相结合。然而，这种假设无疑站不住脚。反对它的理由有三：

第一，同属于自我但不被自我觉知的意识，与同属于自我和他人的那种意识，具有根本的不同。所以，我们非常怀疑所谓的"第二意识"有没有研究的必要性。想必，即便是那些否定"无意识心理"这一假设的人，也不赞成用"意识不到的意识"去替换它。

第二，精神分析案例表明，已经被人们普遍认可的那些被推理出来的心理活动，各自都是独立的，彼此之间几乎没有关系。可以说，它们"谁也不知道谁"。以此为前提的话，联系"第二意识"的存在推理，那我们是否可以说同样存在有第三意识、第四意识乃至更多的意识呢？

第三个反驳理由是最重要的。我们应该结合一个事实：精神分析研究表明，个体具有的一些潜在意识活动也具有一定程度的独立性。而且，它们的独立特征同我们所熟悉的意识的特征完全不同，甚至对立，我们很难理解这些特质。

鉴于此，"第二意识"的假设是不完善的。也就是说，我们试图推导出来的东西，并不是"第二意识"，而是一种逃过了意识觉知的特殊心理活动。我认为，称它为"下意识"或"潜意识"都是不恰当的，而且容易引起误解。医疗研究表明，我们的这一观点，可以从一些著名的"意识分裂"病例中得到证明。医师们是这么描述这些病例特征的：患者的心理活动分裂成两种，在两种不同的意识中反复运作。由此，在精神分析上，我们只能做这样的推理：心理活动本来就是无意识的，因为，所谓的意识活动应该如感官"觉察"外部世界一样。

在这么对比之后，我们就可以获得更多的关于意识的知识。

在我看来，以上从精神分析角度所作的关于无意识的假设，可以从两个方面得到支持：一方面，可以说它是原始泛灵主义的延伸——泛灵主义大致说来就是认为人们可以通过周围事物看到自身；另一方面，可以说它是康德观念的拓展——康德曾对于各种关于外部知觉的谬论给予了批判。

康德曾告诫世人说，应该切记，个体的知觉受主观条件束缚，我们不应该把它等同于那些可被我们觉察到的不可知事物。而精神分析则同样提醒我们：不要把意识活动中的知觉，与作为在这种知觉下产生的无意识心理活动混为一谈。和物理事实一样，心理事实也不是我们看到的样子。比较乐观的是，相对于外部世界的真相，内部对象更容易被认识，所以，对内在知觉的纠正并不是很难。

第二章·"无意识"的不同含义

在进一步阐述"无意识"之前，有一个很重要却不易于解释的观点需要首先摆出来："容易陷入无意识状态"并非是精神活动最典型的一个特征，也绝不是精神活动唯一的特征。除了它之外，其他的一些心理活动同样具有"无意识"特性，而且表现出很不一样的价值。也就是说，无意识包含两方面的内容，一方面是那些处于潜伏状态、不被意识所知，其余一切与意识活动相同的活动，另一方面是那些处于压抑状态的活动。假如这些无意识活动都变成了意识活动，我们将会看到它们与意识中的其他活动有着显著的不同。

因此，接下来，我们不再以"有意识"和"无意识"来区别我们所描述的各种心理活动，而仅仅按照"本能"和"目的"的关系、它们自身的构成因素以及它们所属的心理系统的级别等，来对它们分门别类和分析彼此间的关系。然而这样做的难度又非常之高，还存在着种种障碍。比如，当我们谈及"意识"和"无意识"的时候，可能是从"描述层面"来讨论它们，也可能是从"系统层面"上引用它们。从"系统层面"上来说的话，它们代表的是不同的心理机能，而且各有特性。这个层面上的理解和从"描述层面"来理解是不同的，所以肯定会让我们理解到的意义混乱不清。

为了避免上述结果，我们将对那些我们已经区分出来的心理系统，分别用不同的名字命名。这些名字是随意起的，但是它们可以避免人们把我们所描述的心理活动都归类到"意识"中去。不过，对于我们的这一做法，我们要先说明区别这些心理系统时的根据是什么。如此一来，我们又必须先了解一下意识的不同属性。我们现在可以确认，这些属性是我们接下来讨论无意识的基础。以下的讨论，当我们所说的"意识"和"无意识"是从"系统"意义角度上来说时，我们分别用"Cs"和"Ucs"来代表它们。

首先，我们要解释从精神分析研究得出的一些确切事实。一般说来，心理活动的发展会经历两个阶段，或者说两种状态。当两个阶段交接处，会有一个审查或检查步骤，这种检查也被称为无意识压抑力量。第一个状态的心理活动属于"系统"意义上的 Ucs，如果它在遭遇"检查"时没有被放行，那么它也就无法进入第二个状态中。我们就认为它受到了"抑制"，也就是被控制在了无意识中。反之，如果它通过检查，那么它就处于我们所说的 Cs 系统之下了，但这并不表明它的性质就一定是"意识"的，只能说在 Cs 系统下，它可能会变成"意识"性的。也就是说，要想顺利地变成意识性的，它必须借助某些特定条件。这时，因为它具有变成"意识"的可能，我们就称之为"前意识（Pcs）"。假设，还有一个步骤是用来检查"前意识"是否能变成"意识"的话，我们就可以更清晰地区分这两者。就目前来看，我们只能牢记 Pcs 同时具有 Cs 的性质：它处在 Ucs 向 Pcs 或 Cs 转化的交接口处，所以同样有检查者的职权。

这两个——也有可能是三个的心理系统的存在，是被精神分析所认可的。

也因此，精神分析对"意识心理学"的描述研究，又比之前取得了进一步的成果：它提出了更多的新问题，也获得了更多的研究材料。此前，它同"意识心理学"的描述研究存在的区别主要的一点是，它看待心理活动的观念是变动的。而现在，两者之间的区别就更大了：在这种动态观念之下，它又衍生出一种可称为"心理地形"的内容。也就是，在讨论某一特定的心理活动时，我们说明它是属于哪个"系统"的，或者处于哪两个"系统"之间。从此，我们还可以把这种更深入的研究称为"深层心理学"。我确信，如果从其他角度深入研究它的话，我们所得到的成果会更丰盛。

要想了解心理活动的这种"地形学"现象，我们首先要解答有关这一现象的种种疑问。

当心理活动——在此及以下的论述中，我们所说的心理活动是指一种概念活动——发生从 Ucs 状态到 Cs 状态或 Pcs 状态的转换时，我们是否可以认为，这种转换并没有使无意识的内容发生任何改变，而只是同一个概念移到了不同的位置上，也就是说，概念自身的状态变了，但原来的材料还在，只是在一个较大且固定的位置上发生了变化？这个问题让人费解，但我们又不得不把它提出来。唯有如此，我们才能对心理地形学的概念有更合理的认识，也才能对深层的心理活动更加了解。这个问题超出了纯心理学的领域，要想弄清它的答案，我们须先知道我们能否对精神器官给予解剖。无疑，这正是这个问题的难点。

科学研究已经很明确地表明，心理活动同大脑的各个机能（而不是身体其他部分机能）密切相关。因此我们可以对上述问题的难点做出肯定的回答，也就是精神器官即大脑跟解剖之间是有关系的。如果我们能够发现大脑不同部位的不同反应，以及这些部位同身体的某个特定部位或某种特定心理活动之间的关系，那我们的研究还会更深入。当然，我们还无法确定能深入到何种程度。但是，即便还会，我们还是无法探知心理活动在大脑中发生的具体位置，也无法由此假设"观念"被储存在神经细胞之中，兴奋是通过神经纤维传播的。同样，我们的这种做法也必定会面临失败：试图在大脑皮层区域找到 Cs 系统和在大脑皮层下找到 Ucs 系统的解剖位置。

所以说，我们所面对的是当今科学无法填充的一个空白，况且也不属于心理学范畴。这表明，我们所说的心理地形学还能用解剖来阐述。或者说，解剖学上的位置跟心理活动并无关系，位于身体任何一个部位的心理器官的内部区域才和心理活动有关。

所幸的是，即便有很多空白，我们的研究还是较为自由的，可以按照我们的方法，放开手脚去做。不过，我们也应认识到我们提出的假设只是像图解说明一样粗略而已。我们上述第一种可能性——某一概念的 Ucs 内容，在没有发生任何改变的前提下移到了一个新位置上——无疑是一种为了力求简单的不成熟假设。而第二种——在固定不变的某个大位置中，这个概念的状态和功能改变了——虽然可能更为合理，可以优先作为我们研究的方向，但它同样存在缺陷：它的可延伸性较弱，不容易在原有的基础上做调整。

至于我们提出的第一种的假设，我们只能以"地形学"为基础，将心理活动划分为 Ucs 和 Cs 两个系统状态。由此表明，同一种概念同时出现在心理器官的两个部位是可能的。这一点得到了证明，也就是，如果"检查"过关，某种概念会从一个区域转移到另一个区域，但保持原来的状态和内容。这一假设虽然同样让人奇怪，但我们可以从精神分析的研究实践中得到清楚的了解。我的一个医疗案例就可以说明：

当一个病人向我诉说他之前有过后来又被抑制的观念时，他的心理状态并没有改变。这是因为，他这么做的时候，那些观念并没有冲破抑制作用的阻力，或者说，抑制阻力仍然在那儿，所以他的无意识概念也仍不会变成意识概念。所以，我们的做法也相反，在开始的时候，我们的目的主要在于使他不知不觉地放弃那些被抑制的概念。

从我的案例来说，在这个病人的心理机构中，上述概念实际上是以两种不同的形式出现在两个不同的位置上。当我们传达给他有关概念后，他便在听觉形式下产生了有意识记忆，这也是他心理活动的第一种形式和第一种位置。而在此之前，他对这一概念的无意识记忆，则体现了他另一种形式和另一种位置。实际上，唯有当有意识的概念与它的无意识记忆建立起联系后，抑制阻力才会消除。这时，无意识记忆的痕迹才成功地变成了有意识的。如果对这一过程的探索只是停留在表面上的话，我们就会认为，有意识的概念和无意识的概念是同一内容在不同位置上的不同展示。事实上，深入思考后我们会发现，病人获得的信息，和他被抑制的记忆之间只是表面上的相似。从心理学上来说，这两者的内容虽然有可能一样，但本质上完全不同。

现在，我们还不需要非得从上述两种可能性中选出一个。因为，在我们以后的讨论中，我们可能还会因为有了新发现而改变选择。又或者，最后我们可能会发现，我们所假设的这两种可能性都不正确。如此一来，我们就不得不用另一方式，再次区别有意识和无意识的概念。

第三章·无意识情绪

前一篇我们研究的内容限制在"概念"的解释上，现在，我们跳出这个局限，设想一下：无意识的存在，是否还包括了无意识的本能冲动、无意识的情绪、无意识的情感呢？能否把上述种种合在一起阐述呢？如果能回答这个问题，我们所阐明的无意识理论就会更清晰。

我认为，意识和无意识之间的对立，并不适合放到对本能的讨论中去。因为，本能绝不可能是"意识"的对象，那些能够体现"本能"的概念内容，才有可能是。进一步说，本能的内容如果没有特定的概念，无意识也不会体现出本能。也就是说，唯有本能以概念表现出来，让我们对它的状态有深刻的了解，我们才能感觉到它并认识它。从这个角度来讲，我们平时的一些表达语言是不合理的，诸如"某种无意识的本能冲动"或者"某种被抑制了的本能冲动"。真正与本能之意相通的术语，唯有"无意识"一词，其他的表达对我们分析问题只会带来干扰。阐明这个看法后，我们就可以解答是否存在无意识情绪、无意识情感这一问题了。

以我们的意识，我们可以把握某种情绪的本质。这就是说，后者必定是我们意识的对象。所以，在阐述"无意识"的特性时，我们必须把情绪、情感也列入其中的讨论内容。比如，我们在精神分析研究中，就通常把它们称为"无意识的爱"、"无意识的仇恨"、"无意识的愤怒"等。此外，有时候人们还会不自觉地用一些玄妙的混合词语来定义某些心理活动，如"无意识的犯罪意识"，或者诸如"无意识的欲求"这类意义矛盾的字眼。相对于"无意识本能"，这些奇怪的称呼不是更丰富多彩吗？

然而，我们上述提到的两种论点实际上存在出入。理由如下：

首先，真相可能是：某种可以被感受到的情感冲动，我们对它的解释原本就是错误的。随着情感部分被压抑，真正适合用来描述它的词语也被隐匿了，于是我们只能用其他的概念去定义。这时候，"意识"误将这种感情或情绪和这一概念挂钩。实际上，如果我们能发现那个最适合它的概念的话，就会发现它的冲动本质其实属于"无意识冲动"。然而，它造成的情感效果却又不是无意识的。因为，真正发生的事情就是它的"概念"被"抑制"了。也就是说，我们所谓的"无意识情感"或"无意识情绪"，其实是指本能冲动在被抑制的过程中所受的"抑制"的量的"变化"。我们认为，这个过程中的这种"变化"有三种情形：

第一，情感全部或者部分保存下来；

第二，情感发生变质，首先变成了"焦虑"或者"欲求"；

第三，情感发展受到了阻挠，也就是被抑制了。

以上三种情形，通过对"梦"进行分析也就会比通过研究"精神病"更顺利。

一个不可质疑的事实是："抑制"活动的最终目的，就是阻止情感的产生和发展。除非目的达成，否则"抑制"就不会停止。当"抑制"活动的目的达成时，我们就认为那些被抑制住的情感属于无意识的——如果主体取消对它的抑制，他们便返回原来的状态。由此看来，我们前后所用的字眼还是一致的。但是，当我们以"无意识概念"做比较时，却会发现呈现出来的事实大有差别：无意识概念受到抑制后仍然存在于无意识系统中，而系统中与之对应的那些情感却仍处于抑制状态，无法发展。

由此看来，严格地说，"无意识"的概念中，并不存在"无意识情感"——虽然这种定义是正确的。但是，在无意识系统中，却有可能存在转化成"意识"的情感内容。要想区别这两者，我们应该以这样一个事实作为参考：概念多半是从记忆积累中得出来的，而最终形态被我们称为"感情"的情感和情绪，却只是一种短暂的释放活动。也就是说，它们不属于记忆。当然，以我们目前的知识，要想清晰地区分记忆和情感的区别，是不可能的。

现在，另一已经被证实的事情更能引起我们的兴趣。这个事实就是：当本能冲动转化成情感后，"抑制"作用才可以成功地抑制它。这一事实揭示了更深层的知识，它表明，通常情况下，意识系统会控制情感，却纵容主体的实际活动。它另外还表明了"抑制"的重要性，强调抑制不能阻止情感进入意识，如果它非要阻止的话就会引发肌肉活动。反之，我们或许可以说，只要意识系统控制了情感发展和肌肉活动，就表明主体的精神处于正常状态下。

在提到系统对情感和活动的控制时，我们要注意，这种控制关系不同于我们此前提到的两种近邻的发泄与运动之间的关系。意识对主体自发动作的控制稳固，所以能使主体经得住神经机能失调带来的冲击。唯有当主体患了精神病，这种控制机能才会被损害。但是，意识系统对情感发展的控制却相对较弱。从生活的各种现象中，我们可以发现意识和无意识总是争夺对情感控制的主动权，然后两者不断交替着行使这一权力。在有的情感中，两者控制产生的影响作用有时会区别开来，有时又是交融在一起。

以上提到 Cs 和 Pcs 系统对于释放主体情感和动作的重要，使我们更加确信了"代替概念"对我们进行医疗分析的重要作用。所谓"代替概念"，就是当原来的概念被压制后所产生的另一个概念。它可以让我们确定患者病情的形式。也就是：如果情感直接来源于无意识系统中，那么它代表的就是那些"被抑制的感情"，所以表现出焦虑或者欲求的性质。

事实上，"本能冲动"通常情况下都处在这么一种等待状态中：等待意识系统中找到一个"代替概念"，然后该系统下的情感就通过这一概念表现出来。这时，新表现出来的情感的"本质"特征，实际是由"代替概念"本身的性质决定的。我们曾一再强调：受到抑制后，情感实际上已经跟所产生它的那个概念分离了。这之后，它还会经历各种独特的变化。这种说法从表面上来看不容置疑，它的描述却过于简单。因为，我们已经发现，情感活动通常不会直接表现出来，唯有冲破抑制的阻碍，在意识系统中找到一个代替概念来定义它时，它才会形成。

第四章·抑制的动力学和解剖学

经过前面的一系列讨论后，我们现在可以得知，"抑制"会影响到"概念"活动，而且抑制的作用发生在无意识和意识之间或者无意识和前意识之间。在本节中，我们将更详细地阐述抑制活动。我坚信，抑制活动其实是撤离发泄活动。问题在于，撤离过程是在哪个系统发生的，撤离之后它又去到了哪个系统？

我们说过，在无意识系统中，被抑制的概念仍然存在着，因此也还保留着它自身的"发泄"能力。所以说，撤离回来的已经不再是原来的概念，而成为了其他东西。我们首先要讨论这么一种情形：当抑制活动对位于前意识系统中的某个概念产生了影响，甚至影响了意识系统中的某个概念。

无疑，这一情形下产生的抑制活动的内容，就是压抑前意识概念的发泄行为，使之停止。如果是这样的话，前意识概念就可能产生三种结果：一、无法发泄，也就是前意识被撤离回来；二、从无意识系统中获得发泄，于是无意识被保留下来了；三、之前有过的无意识发泄代替前意识发泄。我们做出的这三种结果的假设，其实基于这样一个假设之上：当某个概念从无意识系统向某个最近的系统转化时，它没有制造新的代替物，而只是改变了它自身的状态。也就是，改变它自身的发泄形式。这个总的假设，使我们联想到了心理解剖学。

以上所说的力比多（本能）撤离过程，还不能解答我们对"抑制"活动的另一个疑问：一个概念既然可以保留它自身的发泄，也可以从无意识系统接受发泄，为什么无法通过它自身的发泄以重新进入前意识系统中？我认为，这是因为，如果有这个可能的话，便意味着本能的发泄活动会不断地反复，一直持续下去，也就是说，这一过程就不再是"抑制"活动。上述讨论的第一种结果，即前意识发泄的撤离，同样不能解释抑制活动的最初运作原理。因为，在抑制活动开始之前，还有一个不可忽视的无意识概念。我们应该想到，这个概念自始至终都没有从前意识系统中接受发泄。

如此一来，我们需要探讨的，应该是这样一种"反发泄"的活动：它不但要支持"抑制"作用，还要保证抑制活动的出现和发展。在这种活动之下，前意识系统就不会受到无意识概念的干扰。这种活动的具体表现，我们可以从某些病理研究中看到，并认识到，它代表了最初的抑制活动对其所需要的连贯性和持久性的维持。也就是说，"反发泄"是最初的抑制活动的主要形式，那种撤离或阻止前意识发泄的活动是在后来加入的。又或者，那种从"概念"中撤销回来的发泄，其实就是"反发泄"的发泄。

随着讨论的深入，在心理动力学和心理地形学这两大观点的基础上，我们针对心理现象的构成又发展出了第三种观点，我们称之为经济学观点。通过这个观点，我们可以弄清楚一定量的兴奋会消耗多少，最后剩下多少。以这种"观看问题的方式"作为精神分析研究的最终结果。我认为，为了更好地描述我们的这种方式，我们最好给它起一个名字。我建议这个名字是"心理学之玄学描述"，它包括了我们所做的各方面的心理活动描述，即动力学方面、地形学方面以及经济学方面。无疑，按照我们现在所获的认识，我们在"心理学之玄学描述"方面的取得成就是相当片面的。因此，下面我将举例说明，对三种普遍的转移型神经症来一番"心理学之玄学描述"。因为对这三种典型病症的分析研究，主要跟性冲动及其后果有关，所以，在分析过程中，我们将用"力比多"这个字眼来代替"发泄"。

第一种病症是焦虑型歇斯底里症。这种病症的发病状态，因为模糊、难以确认，往往被人们忽略。事实上，如果深入观察的话，发病阶段的病症还是有明显显示的。其主要特征是患者表现出模模糊糊的忧虑，即一种他自己也不知道忧虑什么的忧虑状态。

我们认为，这一阶段中，无意识系统中存在着某些情欲冲动，这些情欲冲动要求进入前意识系统中。与此同时，前意识中的力比多冲动也正从系统领域中"撤离"。如此一来，原被抑制了的概念中所具有的无意识力比多冲动，就会得以毫无阻碍地发泄出来。当这一过程不断重复时，意味着主体正在克服困扰他的忧虑。然而，那"撤离"回来的力比多冲动却"附身"在了一个"代替概念"上。这一概念以联想手段，使自己仍与那个被丢弃了的概念有所联系，同时又因为它和后者保持了一定距离，所以躲过了被抑制的命运。在这种冲突下，主体的忧虑就不可避免地成为了现实。

忧虑症出现后，那个意识或前意识系统中的"代替概念"，就会发挥出一种"反发泄"，即"反力比多冲动"的效用。这样，那些被抑制的概念就无法进入意识系统中，由此保护了这个系统。另外，"代替概念"还作为一个交接点。处于这个交接点的忧虑最不容易被控制，所以会无意识爆发出来。

我们从医疗案例作的观察中发现，如果某个儿童患有"动物恐惧症"，那他会在两种条件下感受到忧虑：第一种是当他那被抑制住的性冲动走向极端时，第二种是当他看见所畏惧的动物时。在第一种情况下，"代替概念"会以一个"指挥官"的样子，从无意识系统向意识系统进军。在第二种情况下，它则仅仅作为一种用来疏导忧虑情感的独立基础。通常，意识系统所作的深入控制，会以这样一种倾向表现出来：当第一种条件持续的时间越来越长时，"代替概念"就会更容易出现。这时，儿童可能会表现出两种情况：一是他看起来不爱自己的父亲，并试图逃离后者的控制，追求独立；二是他的恐惧仅仅来源于动物恐惧症，且这种恐惧会持续增强，甚至达到无意识本能所产生的恐惧的程度。我们认为，这是一种极端顽固的恐惧，因为它根本不会受到意识系统的任何影响，而只在无意识系统中显现出自己的真面目。

来自意识系统的"反发泄"作用，会在焦虑型歇斯底里症的第二阶段中，促使"代替概念"的形成。同样的机制，之后又作用在概念的新方向上。在我看来，这时的抑制活动仍没有停止，而是找到了一个新的目标——阻碍由代替概念引起的忧虑。它的活动方式是这样的：

所有源自于代替概念的联想，都被注入了一种非常强烈的力比多冲动，于是极容易被刺激到而引起"兴奋"。也就是说，在这种结构之内的每一个位置点上，"兴奋"跟代替概念都是关联着的，都能在一定程度上刺激忧虑的增强。当增强的信号出现时，对忧虑的抑制也会进一步加强——这种抑制主要表现为，力比多冲动开始新的逃避。

从抑制活动对代替概念的抑制可以看出，极具活力的"反发泄"作用对代替概念的影响范围更广，它的目的主要在于使代替概念免受新的冲动的干扰。当然，这种保护机制是无法用来抵抗本能冲动的，它只能抵抗那些来自外部的事物。这是因为，本能冲动在这时候是按照被抑制概念的联系方式与替代概念建立联系的。因此，只有当被抑制的概念完全被代替概念所取代了时，保护机制才能彻底地起到保护作用。但是，当它发挥作用时，它所处的环境却也不是绝对的安全。因为，随着本能兴奋的增加，代替概念周围的防护堡垒也会向外拓展。这种构建方式也出现在其他神经官能症中，它表现出来的就是人们所谓的恐惧。代替概念躲避有意识发泄的过程，在焦虑型歇斯底里症患者身上表现为逃避、放弃和违禁等症状。

综合对焦虑型歇斯底里症整个过程的论述，我们可以得出结论：第三个阶段的内容，其实只是对第二阶段的活动的重复和扩展。也就是，这时意识系统为了保护自己，会通过其周围各种联想引起的反发泄作用，抑制代替概念的发展。这个过程，正如一开始一样：这一系统通过借助代替概念的发泄作用，阻止了那些被抑制的概念的出现，从而保护了自身。这样一来，在转移作用下，代替概念的结构就得以成形起来。

在此，我们必须补充一点：在 Cs 系统中，本能冲动在一开始的时候还是有一个唯一的出口的，也就是代替概念。这就是说，那时候本能冲动摧毁了代替概念的抑制。后来，情况就变成了：恐惧这一保护机制与某种非常突出的无意识作用对应起来。这样的话，我们不得不再强调一点是：整个保护机制可以把来自本能的威胁投放出去，犹如那些威胁自我的忧虑根本不是来源于本能，而是来源于外部知觉。在这个观点之上，我们又可以进一步推出这一结论：外部危险到来时，自我做出的反应就是躲避，这种躲避也就是人们感到恐惧时所反应出的躲避。在这一躲避过程中，抑制活动仅仅对主体的忧虑有效，也就是说，它只能抑制忧虑的发泄。不过，这种抑制还会使主体做出一个重大的牺牲：牺牲了个人的自由。总之，从本能需求中逃避的企图，通常是不会实现的，而通过"恐惧"来逃避的这一种方式，往往也无法令人满意。

焦虑型歇斯底里症的大多数症状，我们也都可以在转移型歇斯底里症和强迫神经症这两种神经官能症上看到。因此，接下来我们只论述后两者与前者的差异，以及"反发泄"活动在后两种病症上起到的作用。

在转移型歇斯底里症中，发病的"刺激"根源是，被抑制的概念的本能性发泄。不过，以下一些问题是我们在此不必论述的：无意识的概念转化成本能冲动的发泄，需要什么样的条件？也就是说，什么程度上，这种"刺激"转化的方式才可以进行，以使无意识概念可以克服抑制阻力，进入意识系统？我认为，这些问题以及相似的问题，应该由那些专门研究歇斯底里症的医师们解决。

我们所知的是，在转移型歇斯底里症中，来自意识或前意识系统的"反发泄"作用，是形成病症的主要原因。自我的全部发泄力能不能集中在本能表现出来的部分，就是由这种"反发泄"决定的。由它选择出来的那一部分之所以能够形成"病症"，是因为它适合表现本能冲动的目的，或者最起码能够满足意识系统的自卫机制和施行惩罚所需要的条件。这样一来，它的发泄力度或者说精力就达到了过剩的程度，也就是说，这时它具备了"焦虑型歇斯底里症"的因素，其发泄精力可以从两个方向上得到支持。如此，我们自然而然地就可以推导出这一结论：意识系统中的抑制作用生效时所消耗的力度，跟其引发的症状所呈现出来的发泄能量，并不是一样的。因为，抑制时的消耗能量，是由"反发泄"的付出力量决定的。而症状呈现的效果，不仅单靠"反发泄"力量的支持，还要借助与之交接的无意识系统中的"本能性发泄"力量的支持。

至于强迫神经症，在"论压抑"一文中我曾做过解说，在此只需补充一点：在这种病中，最初抑制活动的导火索，是意识系统的"反发泄"占据了主导地位。一开始，抑制活动表现出来的是"反抗"，后来，它就成为了"被抑制的概念"的突破口。我们由此可以假设：相对于焦虑型歇斯底里症和强迫神经症，转移型歇斯底里症中的抑制活动的效果之所以看起来更大，是因为抑制活动的"反发泄"作用没有前两者的强大——强大就难以找到突破口。

第五章·无意识系统的特点

通过以上的论述，我们已经能够区别心理上的两大系统。现在，我们将对无意识系统做更深入的观察剖析，届时我们会发现这个系统跟意识系统存在着明显差异。我相信，两者之间的差异会让我们发现更深奥的知识。

无意识系统以"本能呈现"为活动中心，以"精力发泄"为目的。也就是说，这一系统的核心就是"欲望—冲动"。在这里，各种本能独立并存，互相之间并无矛盾。即便带有不同目的两种本能会在同一时间活动，它们也不会形成敌对关系，而是互相合作，形成一个新的妥协之后的目的。可以说，只有通过位于无意识和前意识之间的审查检验后，系统中才会出现否定、怀疑和肯定，在这之前是没有的。在较高的意识层次，否定是代替"压抑"，但在无意识系统中，否定只是以不同程度的"发泄"存在。

和其他系统相比较，在无意识系统中，发泄的强弱可谓变幻多端。在转移作用下，某一种概念及其力比多冲动，会转移到另一种概念上。此外，在压缩作用下，它又会全部吸纳其他一些概念的全部力比多冲动。我曾提出，心理的"原始活动"，完全可以以上述两种作用的运作为标志。这样做还可以避免这种滑稽的场景想象：原来，前意识系统是由一种无关紧要的"次级活动"所控制的。"原始活动"开始运作后，也会同前意识系统下的各种因素相交融……

对于无意识系统来说，时间这一概念是不存在的。也就是说，这一系统中所进行的活动，既没有时间上的先后顺序之分，它们也都不会因为时间的推移而改变。这系统不同于意识系统，后者跟时间有关，它却跟时间没有任何关系。也因此，这一系统中的活动，跟现实也几乎没有什么关联。决定它们命运的，仅仅是它们自身的力量大小以及它们是否遵循快乐与痛苦的准则。

总结起来，我认为无意识系统有这么几个特征：其一，系统中的各种活动独立并存，关系和谐；其二，系统活动都属于一种"原始活动"，也就是"发泄"性运动；其三，系统运动跟时间无关；最后，心理的实质内容代替了外部的实质内容。

以上所说的无意识活动的特征，仅仅可以从人们的梦境和各种神经症中观察到。要想在其他一些心理现象中发现它们，我们只能将那些高级的前意识系统活动还原到一些低层次的活动形态上。也就是说，我们无法观察到无意识活动的"纯粹"存在。因为，无意识系统一开始出现的时候就被前意识系统覆盖住了，无意识活动原本就不可能独立存在，唯有前意识才能意识并产生运动。无意识系统虽然有一个在物理刺激下可以发展情感的发泄口，但这个发泄口其实属于前意识系统管辖。所以说，在前意识系统中，它无法产生任何一种具有目的性的肌肉运动。它唯一的活动，就是习惯性的条件反射。

我们本应该将无意识和前意识系统的特征做一番比较，这样才能更加理解无意识系统的各种特征所具有的意义。这么做的话，但是我们的讨论就会偏离主题太远。所以，我们就此打住，等到我们的讨论涉及更高层次的意识系统时，再做这些工作。不过，仍有必要挑几个重要的问题进行分析。

前意识系统中，无论是有意识的活动，还是仍处于前意识状态的活动，都会表现出一种抑制作用。这一抑制作用的对象是那些具有发泄作用的概念，目的在于阻止这些概念向外。我们说过，当一种活动概念在转移作用下成为另一种概念时，原来的概念仍会保留部分发泄冲动力（发泄），将它们转移到第二种概念中。在前意识系统中，这种以"原始互动"的方式进行的转接是极为少见的，因为它们必定会受到强烈的限制。布留拉（Breuer）曾对这一种情况作假设：

在心理活动中，能量的发泄有两个不同的阶段。在其中一个阶段上，能量被"软禁"了；而在另一个阶段上，它会恢复自由，并要求对外发泄。我非常赞同这一假设，认为它对心理能量的本质做了无可辩驳的解释。尽管对这个假设作出"心理学之玄学描述"是一种胆大妄为的做法，但我认为是非常有必要的。

在我看来，心理活动的能量还给前意识系统转移了这样一个工作：使这一系统中的各种概念互相交流并互相影响，同时让它们与时间建立起联系。此外，它还用来设立我们所说的检查关卡，并制定检查的标准——我们称之为"现实法则"。

前意识和无意识的区别还在于，有意识的记忆几乎都是在前意识系统中，而前意识中存在的只是一些来自于经验的"记忆痕迹"——它可能和某种奇特的"再现"活动相对应。"再现"一词，曾被我们用来解释有意识概念和无意识概念之间的关系，但是现在我们不再用它了。从前意识和无意识的区别看来，我们应该还可以发现一种新手段，以便给更高级的前意识系统或者意识系统一个确定的称呼。

将要结束本篇前，我还要规劝某些人：对于我们前面所作的把各种心理活动归类为某一个心理系统的论述，不必着急给出一个结论。因为，我们的论述对象，都是成年人的心理状态。也即是说，我们描述的无意识系统被当作一种较高级的心理系统的基本状态。事实上，很多问题我们都还无法推断出来。比如，在个体成长后，这个系统的内容和联系是什么？这个系统在其他动物中存在吗？因此，我们对它们的研究必须要更独立才行。准确地说，我们必须从人类的心理生活中，挖掘出上述两种心理系统的各方面真相，包括它们的内容和特点以及它们互相改变、交换的病理学条件等。

第六章 · 两种系统之间的关系

现在有的人可能会产生这样的看法：前意识承担着心灵的大部分工作，无意识没有起到任何作用，它只是进化过程中留下的痕迹，是一种退化器官。这种看法的错误性是非常严重的。另外相似的错误看法还有：这两个系统之间的关系只以"抑制"活动为纽带，即前意识将系统中任何会引起它不安的东西都扔到无意识系统中去。这种错误的看法与事实正好相反。事实是，无意识是一个不断向前运动的有活力的系统，而且这个过程中它跟前意识的关系是各种紧密相连的合作关系。总的来说，正确的看法应该是这样：无意识系统不断地向外发展，更类似一个总是试图向它的"衍化物"转化的系统。因此，它非常容易被现实生活的各种因素影响，并总是不断地作用于前意识。反之，有时候前意识系统也会对它产生影响。

我们所说的无意识本能冲动的各种"衍化物"，具有一个独特之处：它们体现出来的特征，许多都是与它们自身相对独立的。一方面，它们的组织特性非常强，善于利用从意识得来的内容掩饰自己，于是我们很难从这个系统结构中把它们辨别出来。另一方面，它们是绝对不可能变成意识的，但按照它们的性质，它们又该归类于前意识系统，但事实上就是无意识系统的，它们的起源决定了它们面临的命运，我们可以认为它们类似于人类中的混血儿；同时夹杂有白人和其他有色人种的特征，因此，他们在白人社会中受到排挤，无法享受白人的权力。

正常人和患神经症的人所产生的"幻觉世界"的性质，跟上述衍化物所具有的性质相似。我们发现，梦境和神经症的初期阶段所产生的幻觉，其性质同样如此。它处于潜抑状态中，也是不可能变成意识的无意识概念，且同样有高度的组织特性。在"发泄"没有明显地作用于幻觉之前，幻觉和意识系统十分接近，且不会受到任何干扰。而一旦干扰出现，它就会被立刻抑制回去。在无意识中，还存在另一种与幻觉相同的，同样具有组织特性的无意识衍化物，也就是"代替—结构"。不一样的是，后者可以成功地进入到意识系统中。这主要是因为，它和其他事物的联系有所不同。比如，当前意识区域的"反发泄"作用和它交叠时，它就很容易进入意识区域。

能不能找到其他场合或者说其他方式，可以进一步了解进入意识区域的条件和方式，以便帮助无意识克服各种阻碍它的困难？回答这个问题，我们要返回我们此前提出的一个观点。这个观点是我们从意识的角度提出的，即意识默认的心理活动，是出于前意识领域中的。这是因为，前意识来自于无意识，它所显现出来的部分材料特征，都具有无意识衍化物的特征——所以，当它们进入意识区域时会受到"检查"。但是，前意识中也有部分材料，可以在不受"检查"的情况就直接进入意识区域中。由此，我们联想到我们之前提出的一个假设中的矛盾：

"检查"这一关的存在，是基于"抑制"的需要，因为这一步骤决定了位于无意识和意识系统之间的意识。但是现在，我们却发现，在前意识系统和意识系统之间，可能也存在着"检查"这一关。如果我们不考虑这种情况的复杂性和其合理性存在的困难，那我们就可以进一步作出这样的假设：每当意识向更高级的心理结构前进时，即当它从一个系统向更高级的系统过渡时，它都要经历"检查"。如此一来，我们就必须放弃原来的假设——意识每前进一步，只不过是制造原意识的复制品。

由此可见，对于我们一开始提出的那个问题，很多时候我们给出的回答都是基于这样一个看法：所有我们能直接观察到的心理活动，"意识性"是它们的共同的也是唯一的特征。实际上，意识自身却不能作为一个标准来划分出不同的系统。因为，据我们所知，即便是属于意识区域中的东西，也不一定会被意识到，而是有可能也会处于一种暂时性的潜抑状态中。此外，研究还告诉我们，许多具有前意识系统特征的概念内容，绝对不可能变成意识性的。我们发现，是否能进入意识，还得由一些"注意"倾向来决定。

从以上论述看来，意识和不同心理系统之间的关系，以及意识同抑制活动之间的关系，都不是我们所认为的那么简单。事实上，不仅是那些被抑制了的东西远离了意识，某些强大的冲动其实也脱离了意识区域。这些冲动往往先是支配自我，后来就跟那些被抑制的东西形成了强烈的对立关系。

如果我们想用"心理学之玄学描述"来分析这些现象的话，我们必须抛弃自己的偏见，特别是这么一种偏见：过于强调"有意识状态"的各种特征。如果我们固置于这一偏见的话，我们就在总的论述过程难免受到特例的干扰。比如，我们发现，进入前意识系统的衍化物进入意识的时候，是以替代性结构和神经症状的"身份"进入的。它们之所以能够脱离无意识，是因为它们经过了强大的变形，在这一过程中，它们虽然遭受诸多抑制，但仍能够保持原状。这正符合了我们提出过的这样一种看法：许多前意识从性质上看本应属于意识系统的内容，但它们的结构仍然保持无意识状态。我们或许可以猜想，无意识有吸引它们的魔力。

接下来我们要探讨的不再是意识和前意识的区别，而是前意识和无意识的区别。

我们说过，在前意识区域和无意识区域的交接点上，有一个"检查官"，其任务是阻挡无意识进入意识中，但是它却会对无意识的衍化物"放行"。当这些衍化物通过了这个检查站，它们就会获更高级的组织结构，从而在前意识中形成一定程度的"发泄"。然后，它们就会继续进入到意识区域中，并将接受另一关的检查，即意识区域和前意识区域之间的"检查官"的检查。当这位"检查官"辨别它们是无意识系统的衍化物后，就会以抑制活动将它们重新"打"回去。可见，前一个"检查官"的设置是为了对付来自无意识的概念内容，而第二个"检查官"则是为了抑制无意识的衍化物。这表明，在个体发展的过程中，"检查官"自身也是不断"进步"发展的。

关于前意识和意识系统之间的"检查官"的存在，精神分析治疗的实践已经对此进行了证明。我们不仅可以让病人随意地"生产"出无意识的衍化物，还可以通过特定的方法，帮助他们克服想变为意识的前意识结构"检查官"对这些衍化物的阻止，进而帮助他们废除了第一个"检查官"行使的压抑。此外，还应补充的一点是：前意识和意识系统之间的"检查官"的设置，还让我们认识到，"变成意识"绝不是一个纯粹的知觉活动，它可能也是一种"过度发泄"本能精力的活动。也可以说，它的整个过程，实际上代表了心理结构中可能存在着一个更高级的系统。

现在，我们要讨论的内容是：无意识系统跟其他心理系统之间的关系和彼此间的交流。

本能活动开始的最初阶段中，各个心理系统之间保持着一种随意的互相交流的关系。当某些本能活动比较丰富时，它们就会从无意识系统进入到意识系统中，最后到达意识系统的巅峰处。其他不活跃的本能活动，则会一直处于无意识系统中，同时跟随无意识接受外部世界带来的知觉刺激和经验影响。一般情况下，知觉进入无意识系统的渠道都是顺畅的，只有那些指向无意识系统之外的渠道，才会受到"抑制"活动的阻挠。

最令人惊奇的是，在两个人的意识都毫无觉察的情况下，一个人的无意识竟然可以对另一个人的无意识产生直接的影响。想要弄清这个情况，我们必须深入研究。我们目前的疑问是：在造成这种情况的因素中，前意识的因素是否应该被排除？我认为，以我们论述的目的来说，这当然是事实。

前意识（或意识）系统的内容有两种来源，一是通过无意识这一媒介，来源于本能生活，二是来源于知觉感应。但是，这两种来源方式并无助于我们弄清这些内容会对无意识产生什么样的直接影响。从对精神病例的分析中我们发现，这些患者的无意识的独立性强大到了令人难以相信的地步，丝毫不受外界因素的干扰。这类病人有两个典型的共同特征，即他们的注意力非常不集中以及他们的两大系统是完全隔离开来的。我们的精神分析是建立在意识系统会对无意识施加影响这一假设的基础上，所以说，这两个典型特征无疑会给我们的研究带来难题。迄今为止，我们对这类病症的研究虽然下了很大的功夫，但收获不大。由此，我们不得不借助这两种系统之间的媒介，即无意识衍化物，来说明问题。虽然通过意识作用于无意识而导致的内部自动变形这一过程相当复杂，令我们的研究十分困难，但目前为止，也唯有无意识衍化物这一东西，能够帮助我们完成分析这项工作。

我们发现，即便无意识受到强烈的抑制，但它仍有可能与前意识互相合作，其条件是，无意识必须和某种控制性倾向建立起协调关系。这时，抑制作用消失了，那些被抑制的本能活动就会反过来支持自我达成本能企图。在这种情况下，无意识就变成了自我制造的一种正确的错误，与自我保持和谐的关系，不会干扰其他方面的抑制活动。这种情况下，无意识虽然看起来偏离了它的本质，但它所起到的作用却是不可置疑的。我们发现，那些受到支持而增强的倾向一旦变成实际行动，就会爆发出跟普通的倾向完全不同的力量——它们可以反抗类似于迷狂症的各种倾向，并取得相当不错的成就。

在无意识中的诸多内容，就好比一个心理王国中的原始居民一样。如果说人的心理结构具有遗传性，具有某种与动物本能相似的东西，这正是无意识的核心。现在看来，假以时日，我们就可以区别出两大系统在内容上的本质区别，并弄清有关儿童心理发展中的一些问题，比如有的在儿童期发展中因为没有多大用途而被抛弃的东西，为什么后来又逐渐完善？这些补充物，跟那些遗传物质的性质有什么差别？

第七章·识别无意识

如果我们仅从梦境和转移型神经症来认识无意识的话，那么我们对这一系统的论述，就无法超越我们以上所表述的观点。很明显，我们的表述还不完善，有的还模糊不清，甚至漏洞百出。特别无法用无意识和我们所熟悉的某种事物联系起来，或者无法将之归类为我们的认识范围之内时，上述情况就更加明显了。现在，我们从自恋型官能症来分析，或许可以帮助我们更加透彻地认识这神秘的无意识领域。

我们对无意识的认识其实受到了阿布拉汉姆的影响。自从这位真诚的作者于1908年发表了相关论述——他坚持认为这是因为我的鼓励——我们也一直跟随他的脚步，用自我与对象之间的对立去解释精神分裂症。而对于转移型神经症，如焦虑型、倒错型和迷狂型歇斯底里症，我们并不认为二者之间的对立是突出的。从神经症大多表现为对真实对象的放弃这个事实，我们知道了，如果对象遭受到了破坏或者阻碍，也有可能会导致神经症的产生。另外，那些放弃追求对象的力比多，首先会返回来恢复幻觉中的那个对象，然后这一对象又变为被抑制的内向对象。但是，在上述病症中，主体的"对象性发泄"通常仍保存着大部分的能量。在对病者的抑制过程做详尽观察后，我们发现，尽管抑制作用（或作为压抑的结果）同样发生，但无意识系统中仍然存在着这种"对象性发泄"。实际上，之所以他们的"对象性发泄"作用不受阻碍，是因为受到了转移能力的保护。而我们对神经症的治疗，也曾利用这种转移能力。

精神分裂症的原理跟上面所讲的却不一样。现在，不可否认的一个事实是，在这种病中，受抑制作用而返回的力比多并没有找到一个新对象，而是回到了"自我"中。也就是说，"对象性发泄"作用此时已被遗弃，于是又恢复到了原始的那种自恋状态。这种病的各种病症，都与我们提出的"对象性发泄"被丢弃的假设相符合。比如，对它的各种性质治疗都无效，包括从转移能力的丧失这一诊断进行的治疗。又如，它表现出的那种对外部世界的排斥、"自我"展示出的那种"超级发泄"及其最后所展示出的那种对外部世界彻底的冷漠等。

分析两大心理系统之间的关系和互相作用时，有一个事实令很多研究者吃惊：精神分裂症患者的意识领域会表现出两大系统的关系和影响，但是，转移型神经症患者却只在无意识领域中表现出这两者的关系和相互作用。而且，要想发现这一点，还必须通过精神分析。但是，在一开始的时候，我们还没有发现"自我—对象"和两大意识系统是有所关联的。

接下来，我们要通过一种不一样的方式来探索，或许我们会发现答案。我们发现，精神分裂症患者存在语言上的变化，特别是在发病的早期阶段。这一发现对我们的研究具有极大的意义。患者的变化在于，他会开始注意起自己的口头表达，因此变得极其不自然，有时候甚至表现得十分混乱，让人完全无法理解其所说内容，也看不出其中的价值。其实，患者所聊到的话题，是由其身体器官或者某些刺激决定的。这一症状让我们联想到另一种现象：精神分裂症的上述症状，同歇斯底里症或迷狂症中的替代性机制有相同之处，通过观察该病症的替代物与被压抑的东西之间的关联，我们可以发现这两大类型的神经症都有着奇特的特征。

维也纳的维克多·托斯克博士对精神分裂症也有研究，他曾经把他对这一病症早期阶段的观察结果分享给我。这些材料的意义在于，它们证明了一点：精神分裂症患者本人，会想方设法阐明自己所谈论的内容。我是认同这一观点的，下面我将用我所知的两种病情例子来说明这一点。事实上，这样的病例很多，是任何一个这一方面的研究专家都可以轻易获得的。一个病例来自托斯克的治疗经验，他的一个女病人在同她的恋人吵架过后来到托斯克这里，说自己的双眼被"扭歪"了。为了说明她的问题，她无休止地斥责她的恋人："我对他根本一无所知，他一次一个模样，变幻多端，是个专门扭歪人眼睛的骗子（在德语中指奸诈的人）。我的眼睛也被他扭歪了，它们不再属于我了，我现在好像用另一双眼睛看这个世界。"

在这个病例中，患者谴责的语句看起来完全合乎语法逻辑。事实上，她对自己一开始说出的那句话的解释值得我们思考。她的解释，在正常人看来是无法理解的，但是我们可以发现，其所作出的解释与一开始时的那句综合性的话所指的意思完全契合。也就是说，从它们的表述，我们可以看出精神分裂症患者的语言结构的含义和起源。而其中的真相，正如托斯克所说的，精神分裂症患者会用身体中某一器官的遭遇或者状态，来表达自己的所思所想。在上述病例中，患者所用的身体器官是眼睛。我的看法与托斯克的一致。精神分裂症患者的谈吐已变成"器官—语言"，表现出"癔病"患者的种种症状。

这个患者还作了这样一个陈述：她在教堂中时，感觉身体突然扭动了一下，好像有人推了她一把，将她移到了另一个位置。她是被逼改变位置的。在解释这样的感觉时，她又在言语中攻击了她的情人："他非常粗暴，想让温柔优雅的我变得跟他一样俗气，又逼我承认我比他低贱。我想，也许变得跟他一样，我可能会更好。所以，现在，我真的变得跟他一样了，总是一副假高贵的样子。我被他改变了位置。"在这里，"改变某人的位置"实际上仍属于文字游戏，是患者的某种暗喻表示。托斯克认为，"我被他改变了位置"这一句话包含了这么一层意思：患者的地位改变了，与她所爱之人"一致"了，或者说是"以她爱人的身份自居了。"心理学中，把这种作用称为"自居作用"。

在此，我觉得有必要提醒人们注意一点：患者的所思所想，全部转化成了身体对这些思想内容的感受。也就是说，这些思想内容对身体造成了刺激，并支配了患者的思维。在第一种病情中，患者的眼睛所发生的剧烈运动，表明了其歇斯底里的性质。而在第二个病情中，患者歇斯底里的性质则表现在真正的推拉震颤中，而不是仅仅具有推拉的冲力或被推拉的感受。这两种情形中，患者的思维其实都称不上是有意识的，所以，过后她也无法说明她最初的具体想法。

现在，通过上述两种病情分析，我们已经可以确定，我们所说的"器官语言"或者说"癔病语言"确实是存在的。此外，我们还得到了另外的重要发现。也就是，在医疗实践中，我们还经常遇到另一种事物状态，它同样可以归类为确定的如同公式般的定理，比如布迪尔论文中提到的那种情形。我们将精神分裂病人使用语言文字的过程，称为"原始心理活动"，它是一种类似于使梦的思维变成梦的意象的活动过程。它的发生步骤是这样的：凝缩，转移，彻底改变"投注"的意象。有时候，这种转化过程会带来彻底的改变，以至于患者不得不用一些特殊的单词，来表述其整个思维。当然，这些特殊词汇，跟其他语言也有很多关联的。布迪尔、荣格以及他们的学生，都作过这方面的研究，并得到了确切的证明。

经过上述分析后，我们已经可以对精神分裂症做出相关结论。但在这之前，我们仍要进一步指明精神分裂症、歇斯底里症和迷狂症之间"替代概念"的不同之处在那里。这一概念在这几种病症中表现出来的区别很有意思，可是我们会得出匪夷所思的结论。以我的一个病例来说：我现在有这么一个病人，他声称自己的脸上坑洼遍布，到处黑斑，谁都可以看出他的这副样貌，所以他对生活中的任何事情都毫无兴趣了。我分析了他的病症后得出结论：他这种心理的产生，源于他自己的"阉割情结"，也就是将这种情结转移到了皮肤上。最初，他对这些黑斑的存在并不在意，经常将它们挤出来，并从中得到一种快慰的享受。这种快慰感正如同他所说的，挤出黑头就像将什么东西喷射出来了一样。但是，后来，因为挤出来的黑头会在自己的脸上留下一个坑，使他感觉到自己"不停地用手乱搞"，以致把自己的皮肤彻底地"糟蹋"了，所以他便产生了深深的懊悔。从这种心理变化我们可以明显看出，在他看来，用手挤出黑头其实等同于"手淫"，而那些深坑就替代了女性的生殖器。前一种是犯罪行为，后一种则是后果，而这一后果则代表了患者所恐惧的阉割威胁的真正实现，当然，这只是一种在幻觉中的实现。

上述病例中的"替代机制"同样有癔病症的特点，同时与"转移型歇斯底里症"也有很多相似之处，但实际上，它们之间还是有所区别的。最明显的一个区别是，我们很难想到，歇斯底里症也会有这样一种"替代机制"，也就是我们很难认为患者皮肤上的小坑是女人阴道的象征。因为，在患者的这种情况下，那种周围被裹起来的孔洞，才更应该让患者联想到阴道。另外，我们还考虑到，既然患者觉得自己脸上遍布深坑，可见它们的数目很多，这也应该不利于患者将它们同女性生殖器联想在一起。

同样的道理，也适用于托斯克的一个病例。他几年前向维也纳精神分析学会报告了一个年轻患者的病情，大体说来，患者的症状跟迷狂症患者相同：在穿衣服或者诸如此类的事情上，经常一连花上几个小时。此外，患者可以毫无压力地讲出他抑制的东西。比如，穿长统袜时，他会马上产生这么一个概念：必须把袜子的针脚拉开，使孔洞显示出来。在他看来，每一个洞就是代表女性生殖器。这样一种症状，我们同样不能认为这是迷狂神经症患者的症状。

R.乐特尔的一个病人与托斯克的相似，这个患者也经常花大量的时间在穿袜子这件事情上。当经过分析治疗，克服了这一障碍后，他是这么解释自己的行为的：他认为，他的脚如同男性的阴茎，穿袜子的动作如同手淫。他穿了袜子又脱下，再穿上，如此反复，一半是为了实现手淫，一半是为了防止手淫。

我们可能会疑问：精神分裂症中的替代机制和症状如此奇怪，是因为受了什么作用？经过分析后，我们得知了其中的原理。那是因为，在这种患者身上，"言语—言语关系"压倒了"物—物关系"。比如，"挤出黑头"和"阴茎射精"之间，以及"皮肤上的小坑"和"女性阴道"之间，虽然是两码事，相同之处微乎其微，但是又因为这一点微小的共同之处——前一组事情都可以用"排出"表现，后一组事情都可以用"空洞"来表述，所以患者便将这两组不同的事物在语言意义上等同起来。也就是说，导致精神分裂症中的"替代机制"的，就是这种词语意象的关联。显然，由于患者表述事物的用词和事物本身并不符合，于是精神分裂症中的"替代机制"就跟神经症中的转换机制产生了极大的区别。

经过上述讨论后，我们自然可以得出一个结论：在精神分裂症中，"对象性发泄"已经完全被丢弃了。但是，这一结论又是不完全的。我们要补充一点：在精神分裂症中，语言概念的"发泄"与"实物"之间仍是一致的。也就是说，我们之前所说的"实物概念"或者说是"对象意识"，在这里被分成了两种，一种是词语表达的概念，另一种是实物的具体概念。在后一种意思中，概念就是指"发泄物"，而不是相关实物的直接记忆，也不是这些记忆衍化得来的记忆痕迹。

最重要的是，以上的结论使我们突然发现了意识概念和无意识概念之间的关键不同。事实上，我们之前设想的是错的。也就是说，这两种概念并不是位于心灵中不同位置的同一种内容的不同反应，也不是同一种内容"发泄"时的不同功能状态体现——意识的概念可通过具体概念和与之相对应的词语概念来表述，而无意识概念则只能是事物本身。无意识系统同样包含对象事物的发泄，且这才是最原始也最真实的对象发泄。而前意识系统产生的则是具体概念的"超级发泄"，做到这一点，它需要把这一具体概念同表达它的语言的语词概念关联起来。我们可以想象，更高级的心理结构的产生，正是因为这种"超级发泄"的作用。而也正是因为这一作用，使得原始的心理活动后面还有另一个心理活动，即支配前意识系统的心理活动。

因此，现在我们可以确定，在转移型神经症中，"抑制"作用所排斥的那些置换概念到底是什么。其实，它们就是一种可以转化成词语，但又必须依靠某样事物来衬托的概念。而那些没有转化成词语的概念，或者说那些没有接受过"超级发泄"的心理活动，就会以潜抑状态停滞在前意识系统领域中。

有一个事实，我认为有必要提醒人们注意。我们今天在精神分析中所运用的重要的洞察力，在很早之前其实我们就已经掌握了。在1900年出版的《梦的解析》一书中，我在最后一页提到这样一个论题：那些经过发泄，并远离知觉的思维活动，因为它们本身缺乏"实质性"的东西，所以它们是无意识的，只能通过"词语知识"的残余（痕迹）相联系，然后进入意识中。另外，我还提出，词语概念同具体概念一样，都是由感官知觉产生的。

这样，我们就产生了一个新的疑问：为什么具体概念的东西不能被它们仍保留的知觉痕迹代替，然后变成有意识的？我认为，这是因为思想意识的内容还具有一些其他性质。此外，它们与词语之间的关联，可能还会导致发泄的内容产生某种性质（发泄的作用既然再现了物体概念之间的关联，也就难免不会受到它们的知觉影响，从而产生出什么新的性质来）。总之，这些以词语概念为基础的种种"关联"，构成了人们无意识思维的最重要部分。可以肯定的是，即便我们把它们同词语概念关联起来，它们依然不是真正的意识概念，而只算有了变成意识概念的可能。所以，它们仍只属于且只能属于前意识系统。

回到精神分裂症的分析上，我们现在知道，由于我们只能从和无意识有关的一点儿基础知识来解释它，所以仍是有很多疑问。比如，我们不敢确定，这种病症中的"抑制"作用和转移型神经症中的"抑制"有无共同之处。我们最初给"抑制"下的定义是：它是一种介于无意识系统和前意识系统或意识系统之间的活动，其作用在于使被压抑的内容无法进入前意识系统中。现在，我们必须对这个定义修改调整，使痴呆型自恋症和其他自恋症都可以被这一定义进行解释。不管怎样，我们还是可以找到各种类型的精神病和心理病的一个共同点，那就是，在这些病症中，自我试图逃回到有意识的"发泄"中来表现自己。当然，这个推论只能作为一种表层的参考。但是，仅从这一点来看，我们就可以得知，自恋型神经症患者是非常彻底地暴露这样一种自我逃避倾向。

精神分裂症中的这种逃避活动表现为本能发泄，从代表着无意识的物体概念上退回来。奇怪的是，这一过程中，相对应的同一概念的前意识会做出一个相反的，程度更强的"发泄"。我们可能会认为，在这种作用下，位于前意识部分的语词概念必须得承受抑制的压迫作用，当它们逼成无意识概念时，就不再做出"发泄"的动作。但是，这一解释很难让人理解。如果要进一步解释的话，只能这么说：

抑制活动的内容并不包括语词概念的发泄，后者只是患者争取病情好转的一种努力体现，而这一目的也明显影响到了医生对其进行精神分析治疗的整个计划。患者所做努力的目的在于，重新召回他曾经丢失的对象。为了实现这一目的，他必须利用和这些对象有关的词语，而他也必须满足于这种方式。

一般情况下，我们的心理活动的发展方向是两个相互对立的方向：它或者源自于本能，经过无意识系统进入有意识系统；或者源自于外部刺激，通过意识系统或前意识系统，然后达到无意识系统中的自我发泄以及它的对象的发泄。第二种情况下，心理活动会受到抑制作用，但受阻的困难并不是很大。如果我们考虑到，抑制作用在很长的一段距离内都不会妨碍神经症患者去重新获得自己的对象，那我们就可能忽略词语概念与无意识的具体概念之间的关系。由此，我们就不得不承认，哲学家们其实跟精神分裂症患者差不多，两者的思维方式都是超凡的，不受欢迎的。但从另一个角度看，我们却掌握了精神分裂症患的思维特色，那就是他们总是把具体事物看成抽象事物。

如果说我们已经知道了无意识的性质，而且能确定无意识概念和前意识概念的不同之处，那我们就可以肯定，即便从其他方面来探讨无意识，我们得出的结论也是一样的。